新时代坚持和推进"十个明确"的四川实践专题研究系列

新时代

坚持和推进全面深化改革总目标的四川实践研究

张立哲 主编

中央党校出版集团
国家行政学院出版社
NATIONAL ACADEMY OF GOVERNANCE PRESS

图书在版编目（CIP）数据

新时代坚持和推进全面深化改革总目标的四川实践研究／张立哲主编；任思奇，翁明源副主编．—北京：国家行政学院出版社，2023.9

ISBN 978-7-5150-2805-7

Ⅰ．①新⋯　Ⅱ．①张⋯　②任⋯　③翁⋯　Ⅲ．①体制改革—研究—四川　Ⅳ．①D677.1

中国国家版本馆 CIP 数据核字（2023）第 126757 号

书　　名	新时代坚持和推进全面深化改革总目标的四川实践研究 XINSHIDAI JIANCHI HE TUIJIN QUANMIAN SHENHUA GAIGE ZONGMUBIAO DE SICHUAN SHIJIAN YANJIU
主　　编	张立哲
副 主 编	任思奇　翁明源
统筹策划	陈　科
责任编辑	曹文娟
责任校对	许海利
责任印制	吴　霞
出版发行	国家行政学院出版社 （北京市海淀区长春桥路6号　100089）
综 合 办	（010）68928887
发 行 部	（010）68928866
经　　销	新华书店
印　　刷	北京九州迅驰传媒文化有限公司
版　　次	2023年9月北京第1版
印　　次	2023年9月北京第1次印刷
开　　本	170毫米×240毫米　16开
印　　张	10.5
字　　数	146千字
定　　价	40.00元

本书如有印装问题，可联系调换，联系电话：（010）68929022

新时代坚持和推进"十个明确"的四川实践专题研究

编 委 会

主 任

裴泽庆

委 员

王 凡　胡 雯　杨志远　胡业勋

郭 祎　王晓红　张立哲　廖小明

徐 林　徐凤琴　冯梦黎　易 飞

杨雨林

总　序

党的二十大报告指出："我们党勇于进行理论探索和创新，以全新的视野深化对共产党执政规律、社会主义建设规律、人类社会发展规律的认识，取得重大理论创新成果，集中体现为新时代中国特色社会主义思想。十九大、十九届六中全会提出的'十个明确'、'十四个坚持'、'十三个方面成就'概括了这一思想的主要内容，必须长期坚持并不断丰富发展。"由此第一次在党的重大文献中正式出现"十个明确"的概念表述，清晰阐明了"十个明确"在党的创新理论中的理论地位和权威概括，为学习贯彻和研究阐释习近平新时代中国特色社会主义思想提供了方向指引和理论遵循。

"十个明确"的理论概括经历了一个过程。2017年10月，党的十九大报告在"新时代中国特色社会主义思想和基本方略"部分首次用"八个明确"和"十四个坚持"对习近平新时代中国特色社会主义思想的主要内容进行总体性概括。报告中的"八个明确"是：明确坚持和发展中国特色社会主义，总任务是实现社会主义现代化和中华民族伟大复兴，在全面建成小康社会的基础上，分两步走在本世纪中叶建成富强民主文明和谐美丽的社会主义现代化强国；明确新时代我国社会主要矛盾是人民日益增长的美好生活需要和不平衡不充分的发展之间的矛盾，必须坚持以人民为中心的发展思想，不断促进人的全面发展、全体人民共同富裕；明确中国特色社会主义事业总体布局是"五位一体"、战略布局是"四个全面"，强调坚定道路自信、理论自信、制度自信、文化自信；明确全面深化改革总目标是完善和发展中国特色社会主义制度、推进国家治理体系和治理能力现代化；明确全面推进依法治国总目标是建设中国特色社会主义法治体系、建设社会主义法治国家；明确党在新时代的强军目标是建设一支听党指挥、能打胜仗、作风优良的人民军队，把人民军队建设成为世界一流军队；明确中国特色大国外交要推动构建新型国际关系，推动构建人类命运共同体；明确中国特色社会主义最本质的特征是中国共产党领导，中国特色社会主义制度的最大优势是中国共产党领导，党是最高政治领导力量，提出新时代党的建设总要求，突出政治建设在党的建设中的重要地位。

2021年11月，党的十九届六中全会通过的《中共中央关于党的百年奋斗重大成就和历史经验的决议》（以下简称《决议》）第一次将"八个明确"丰富发展为"十个明确"并进行全面阐述。《决议》指出：以习近平同志为主要代表的中国共产党人，坚持把马克思主义基本原理同中国具体实际相结合、同中华优秀传统文化相结合，坚持毛泽东思想、邓小平理论、"三个代表"重要思想、科学发展观，深刻总结并充分运用党成立以来的历史经验，从新的实际出发，创立了习近平新时代中国特色社会主义思想，明确中国特色社会主义最本质的特征是中国共产党领导，中国特色社会主义制度的最大优势是中国共产党领导，中国共产党是最高政治领导力量，全党必须增强"四个意识"、坚定"四个自信"、做到"两个维护"；明确坚持和发展中国特色社会主义，总任务是实现社会主义现代化和中华民族伟大复兴，在全面建成小康社会的基础上，分两步走在本世纪中叶建成富强民主文明和谐美丽的社会主义现代化强国，以中国式现代化推进中华民族伟大复兴；明确新时代我国社会主要矛盾是人民日益增长的美好生活需要和不平衡不充分的发展之间的矛盾，必须坚持以人民为中心的发展思想，发展全过程人民民主，推动人的全面发展、全体人民共同富裕取得更为明显的实质性进展；明确中国特色社会主义事业总体布局是经济建设、政治建设、文化建设、社会建设、生态文明建设五位一体，战略布局是全面建设社会主义现代化国家、全面深化改革、全面依法治国、全面从严治党四个全面；明确全面深化改革总目标是完善和发展中国特色社会主义制度、推进国家治理体系和治理能力现代化；明确全面推进依法治国总目标是建设中国特色社会主义法治体系、建设社会主义法治国家；明确必须坚持和完善社会主义基本经济制度，使市场在资源配置中起决定性作用，更好发挥政府作用，把握新发展阶段，贯彻创新、协调、绿色、开放、共享的新发展理念，加快构建以国内大循环为主体、国内国际双循环相互促进的新发展格局，推动高质量发展，统筹发展和安全；明确党在新时代的强军目标是建设一支听党指挥、能打胜仗、作风优良的人民军队，把人民军队建设成为世界一流军队；明确中国特色大国外交要服务民族复兴、促进人类进步，推动建设新型国际关系，推动构建人类命运共同体；明确全面从严治党的战略方针，提出新时代党的建设总要求，全面推进党的政治建设、思想建设、组织建设、作风建设、纪律建设，把制度建设贯穿其中，深入推进反腐败斗争，落实管党治党政治责任，以伟大自我革命引领伟大社会革命。这些战略思想和创新理念，是党对中国特色社会主义建设规律认识深化和理论创新的重大成果。

从"八个明确"到"十个明确"，既有表述次序的重要调整，又有表述内容的重大创新。从次序上看，党的十九大报告中的第八个明确在《决议》中被摆到第一位，《决议》第一个明确重申中国特色社会主义最本质的特征是中国共产党领导，强调中国特色社会主义制度的最大优势是中国共产党领导，强调中国共产党是最高政治领导力量，同时增写了全党必须增强"四个意识"、坚定"四个自信"、做到"两个维护"。这是因为党的十八大以来，正是确立习近平同志党中央的核心、全党的核心地位，确立习近平新时代中国特色社会主义思想的指导地位，党和国家事业才发生了历史性变革、取得了历史性成就。这与《决议》提出"两个确立"是紧密联系、互为支撑的，讲清了中国共产党在中国特色社会主义事业中的领导核心作用，凸显了坚持和加强党的全面领导特别是党中央集中统一领导的重大原则和根本地位。

从内容上看,《决议》新增了第七个明确,即"明确必须坚持和完善社会主义基本经济制度,使市场在资源配置中起决定性作用,更好发挥政府作用,把握新发展阶段,贯彻创新、协调、绿色、开放、共享的新发展理念,加快构建以国内大循环为主体、国内国际双循环相互促进的新发展格局,推动高质量发展,统筹发展和安全"。这体现了以习近平同志为核心的党中央推动我国经济发展实践的宝贵智慧和理论结晶,是中国特色社会主义政治经济学的最新成果和重大发展。《决议》新增了第十个明确,即"明确全面从严治党的战略方针,提出新时代党的建设总要求,全面推进党的政治建设、思想建设、组织建设、作风建设、纪律建设,把制度建设贯穿其中,深入推进反腐败斗争,落实管党治党政治责任,以伟大自我革命引领伟大社会革命"。从结构上看,新增的第十个明确讲全面从严治党,这与第一个明确讲中国共产党领导做到首尾呼应、逻辑统一,同时也与《决议》总结归纳的党的百年奋斗的十条历史经验中的坚持党的领导和坚持自我革命,形成一前一后的呼应关系。除了新增的第七个明确和第十个明确外,《决议》还增加了一些十分重要的新表述。如第二个明确里新增"以中国式现代化推进中华民族伟大复兴"的表述,这反映了习近平新时代中国特色社会主义思想对建设什么样的社会主义现代化强国、怎样建设社会主义现代化强国这一重大时代课题的深邃思考和准确判断,进一步指明了中国式现代化道路的前进方向和光明图景。第三个明确里新增了"发展全过程人民民主"的表述,这是对中国特色社会主义政治建设理论和实践的新发展。第九个明确里强调中国特色大国外交的总目标,新增了"服务民族复兴、促进人类进步"的新表述,构成习近平外交思想的重要组成部分。总体上看,这些新表述、新论断深刻反映了党的十九大以来,以习近平同志为核心的党中央对新时代坚持和发展什么样的中国特色社会主义、怎样坚持和发展中国特色社会主义,建设什么样的社会主义现代化强国、怎样建设社会主义现代化强国,建设什么样的长期执政的马克思主义政党、怎样建设长期执政的马克思主义政党等重大时代课题的深邃思考和科学回答进一步深入，更加系统、科学、全面、准确地阐明了习近平新时代中国特色社会主义思想，是党的创新理论的集中概括和凝练表达。

党的创新理论内涵十分丰富，涵盖新时代坚持和发展中国特色社会主义的总目标、总任务、总体布局、战略布局和发展方向、发展方式、发展动力、战略步骤、外部条件、政治保证等基本问题，并根据新的实践对党的领导和党的建设、经济、政治、法治、科技、文化、教育、民生、民族、宗教、社会、生态文明、国家安全、国防和军队、"一国两制"和祖国统一、统一战线、外交等各方面作出新的理论概括和战略指引，贯通马克思主义哲学、马克思主义政治经济学、科学社会主义，贯通历史、现在、未来，贯通改革发展稳定、内政外交国防、治党治国治军等各领域。在这一科学系统、逻辑严密、有机统一的理论体系中，"十个明确"主要从战略和理论层面阐明了新时代中国特色社会主义"是什么"的问题，"十四个坚持"主要从策略和实践层面明确了新时代中国特色社会主义"怎么办"的问题，"十三个方面成就"主要从标志性成果和历史性成就层面检验了新时代中国特色社会主义"好不好"的问题，它们共同架构和集中升华习近平新时代中国特色社会主义思想的科学性、系统性、人民性、实践性、开放性。

"十个明确"坚持实事求是的思想路线，秉承马克思主义与时俱进的理论品格，深深植根于中华优秀传统文化，从体系化和学理性层面展示了我们党对习近平新时代中国特色社会主义思想的科学建构和系统阐释，反映了我们党对共产党执政规律、社会主义建设规律、人类社会发展规律的的认识深化，集聚了我们党治国理政新理念新思想新战略和原创性贡献，具有鲜明时代性、深厚民族性、彻底理论性、整体逻辑性。其整体性内在逻辑大致如下：方向引领（党的领导）—目标指引（总任务）—根本立场（以人民为中心）—战略路径（总体布局和战略布局）—根本动力（全面深化改革总目标）—本质要求（全面依法治国总目标）—中心工作（基本经济制度）—坚强铸石（强军目标）—战略保障（特色外交）—政治保证（全面从严治党）。

具体而言，"十个明确"中的每一个明确都有着十分丰富的内涵意蕴和实践要求，其在聚焦坚持和发展中国特色社会主义这一宏大主题基础上，又在各自领域体现出强烈的价值指向、鲜明的结构主线、突出的逻辑重点。第一个明确突出了党对创立和发展中国特色社会主义的领导核心作用，强化了党的领导制度在中国特色社会主义制度体系中的核心地位和根本保证作用。第二个明确擘画了实现中华民族伟大复兴的宏伟蓝图，明确了新时代实现民族复兴的总任务和顶层设计，将任务、目标、道路统一于一体，明晰了全面建设社会主义现代化国家的时间表和路线图，成为引领中国进步发展的鲜明旗帜。第三个明确指明了我国社会主要矛盾的重大变化，提出了以人民为中心的发展思想，从政治层面提出发展全过程人民民主，从终极关怀层面提出人的全面发展和共同富裕目标，是对发展马克思主义的重大贡献。第四个明确将中国特色社会主义事业"五位一体"总体布局和"四个全面"战略布局相互促进、统筹联动，从总体上确立了新时代坚持和发展中国特色社会主义的战略规划和发展路径。第五个明确从全面深化改革总目标视角构建系统完备、科学规范、运行有效的制度体系，明确提出国家治理体系和治理能力现代化，是对马克思主义国家学说的原创性贡献。第六个明确提出全面依法治国总目标和推进路径，深化了马克思主义关于社会主义法治建设的思想。第七个明确强调必须坚持和完善社会主义基本经济制度，使市场在资源配置中起决定性作用，更好发挥政府作用，提出把握新发展阶段、贯彻新发展理念、构建新发展格局、推动高质量发展的新理念新思想新战略，是对马克思主义政治经济学的重大发展。第八个明确提出党在新时代的强军目标，坚持政治建军、改革强军、科技强军、人才强军、依法治军，丰富发展了马克思主义军事理论。第九个明确提出中国特色大国外交的根本使命，倡导全人类共同价值，推动构建人类命运共同体，是对马克思主义关于世界历史思想和国际关系思想的原创性贡献。第十个明确从党的自我革命高度加强党的自身建设，突出共产党人精神谱系和政治特质，是对马克思主义政党学说和建设规律的重大发展。

2023年是学习贯彻党的二十大精神的开局之年，在全党开展的学习贯彻习近平新时代中国特色社会主义思想主题教育正如火如荼地进行着。置于这个背景下审视，对"十个明确"的丰富内涵及其实践要求进行研究，具有重要的理论价值和实践意义。中共四川省委党校（四川行政学院）专门组建研究团队，集中学术资源，历时两年多开展"十个明确"的四川实践专题研究，一方面是落实学习贯彻习近平新时代中国特色社会主义思想政治首课的理论使命使然，另一方面是落实推动治蜀兴川再上新台阶、奋力谱写中国式现代化四川新篇章的实践要求使然。我们旨在通过这种体系化、协作式研究，力图从理论上弄清"十个明确"的科学内涵和重大意义，从实践上厘清"十个明确"对建设现代化四川的时代要求，以实际行动践行为党育才、为党献策的党校初心，在新时代新征程作出应有的党校贡献。

是为序。

裴泽庆

2023年4月

前　言

《中共中央关于党的百年奋斗重大成就和历史经验的决议》指出："党确立习近平同志党中央的核心、全党的核心地位，确立习近平新时代中国特色社会主义思想的指导地位，反映了全党全军全国各族人民共同心愿，对新时代党和国家事业发展、对推进中华民族伟大复兴历史进程具有决定性意义。"党的二十大鲜明强调"两个确立"的决定性意义，将"两个维护"郑重写入党章。这些重要论述深刻阐明了"两个确立"的极端重要性，揭示了新时代取得伟大成就的根本原因，深化了对共产党执政规律、社会主义建设规律和人类社会发展规律的认识，为坚持与推进全面深化改革，实现国家治理体系和治理能力现代化提供了根本保证。

党的十九大、十九届六中全会提出的"十个明确""十四个坚持""十三个方面成就"概括了习近平新时代中国特色社会主义思想的主要内容。"十个明确"的第五个明确是："明确全面深化改革总目标是完善和发展中国特色社会主义制度、推进国家治理体系和治理能力现代化。"该论断立足于新时代中国特色社会主义坚实的伟大实践土壤，彰显出我们党对共产党执政规律、社会主义建设规律、人类社会发展规律的认识的新发展，是基于近年来党在国家制度和国家治理方面的理论积淀与实践探索，进而立足当下、面向未来作出的战略安排。

全面深化改革作为新时代我们党提出的重大战略目标，是改革进程本身向前拓展提出的客观要求，是中国共产党对当前各项改革举措关联性、耦合性、复杂性不断增强的系统回应，是对加强顶层设计，构建系统完备、运行有效的制度体系需求的规范回应，需要从治理结构、治理机制、治理理念、治理效率等更深的层面上全方位优化。基于全面深化改革总目标的重大历史意义，全书基于"是什么、为什么、怎么做"的逻辑线索，分别就全面深化改革总目标的重大意义、确立背景、主要内容、四川地方实践展开论述。

  本书坚持以党的二十大报告精神、党的十九届六中全会精神和习近平总书记关于全面深化改革总目标的重要论述为指导，全面贯彻习近平新时代中国特色社会主义思想，从五个方面系统阐释全面深化改革的若干重大理论与实践问题。本书的主要内容是：第一章是全面深化改革的重大意义，第二章是全面深化改革总目标的内容体系，第三章是坚持和完善中国特色社会主义制度，第四章是推进国家治理体系和治理能力现代化，第五章是新时代推进全面深化改革总目标的四川实践。

目录

第一章　全面深化改革的重大意义　001

一、改革开放是党和人民大踏步赶上时代的重要法宝　002
　（一）改革开放40多年积累了宝贵的历史经验　002
　（二）全面深化改革是对改革开放的继承和发展　004
　（三）全面深化改革在新时代迸发蓬勃生机　005

二、改革开放是坚持和发展中国特色社会主义的必由之路　006
　（一）中国特色社会主义在改革开放中孕育和壮大　006
　（二）全面深化改革是发展中国特色社会主义的必然要求　008
　（三）全面深化改革必须牢牢坚持中国特色社会主义的正确方向　010

三、改革开放是决定当代中国命运的关键一招　012
　（一）党的十一届三中全会：实行改革开放的历史性决策　012
　（二）党的十八届三中全会：对全面深化改革进行总体擘画　017
　（三）党的十九届四中全会：对新时代全面深化改革勾画出更加清晰的顶层设计　019

第二章　全面深化改革总目标的内容体系　023

一、全面深化改革总目标提出的重大意义　023
　（一）全面深化改革推进制度完善和发展　024
　（二）全面深化改革为奋进新征程提供制度保障　026
　（三）全面深化改革为实现中华民族伟大复兴提供了动力支持　028

二、全面深化改革总目标的科学内涵　　029
　　（一）全面深化改革总目标的基本特点　　029
　　（二）全面深化改革总目标的战略重点　　038
　　（三）全面深化改革总目标的实施着力点　　039
三、全面深化改革总目标实现的思想方法　　041
　　（一）坚持加强党的领导和尊重人民群众首创精神相结合　　042
　　（二）坚持"摸着石头过河"和顶层设计相结合　　044
　　（三）坚持问题导向和目标导向相统一　　046
　　（四）坚持增强改革的系统性、整体性和协同性　　047
　　（五）坚持试点先行和全面推进相促进　　049

第三章　坚持和完善中国特色社会主义制度　　053

一、坚定制度自信彰显中国之治的显著优势　　053
　　（一）坚定中国特色社会主义制度自信的历史底蕴　　054
　　（二）坚定中国特色社会主义制度自信的理论依据　　055
　　（三）坚定中国特色社会主义制度自信的实践基础　　057
二、中国特色社会主义制度的实践经验　　059
　　（一）传承借鉴互动，丰富中国特色社会主义制度的科学内涵　　061
　　（二）在理论与实践互动中推动中国特色社会主义制度的改革创新　　062
　　（三）党群关系互动成为中国特色社会主义制度的重要内容　　064
三、进一步坚持和完善中国特色社会主义制度　　065
　　（一）坚持和完善中国特色社会主义经济制度　　066
　　（二）坚持和完善中国特色社会主义政治制度　　068
　　（三）坚持和完善中国特色社会主义文化制度　　069
　　（四）坚持和完善中国特色社会主义社会制度　　072

（五）坚持和完善中国特色社会主义生态文明制度　　073

第四章　推进国家治理体系和治理能力现代化　　077

一、全面把握推进国家治理体系和治理能力现代化的总体部署　　078
　（一）推进国家治理体系和治理能力现代化的目标任务　　078
　（二）正确把握推进国家治理体系和治理能力现代化的关系　　079
　（三）协同推进国家治理体系和治理能力现代化　　080

二、全面推进国家治理体系和治理能力现代化的重要维度　　081
　（一）政治性维度：坚持和完善中国共产党领导制度体系　　082
　（二）人民性维度：坚持以人民为中心的发展思想推进国家治理现代化　　086
　（三）系统性维度：坚持以制度整体观和统筹全局观推进国家治理现代化　　090
　（四）先进性维度：坚持以先进的执政方式和纯洁的执政队伍提高党的执政能力　　105

第五章　新时代推进全面深化改革总目标的四川实践　　113

一、新时代推进全面深化改革四川建设的根本遵循　　113
　（一）以习近平新时代中国特色社会主义思想为指导　　114
　（二）全面认识和把握推进全面深化改革四川建设的总体要求　　116
　（三）深刻认识和把握全面深化改革四川建设的重大责任　　119

二、新时代推进全面深化改革四川建设的重要实践　　120
　（一）加快打造改革开放新高地　　121
　（二）加快完善有利于推动高质量发展的体制机制　　123
　（三）扎实推进改革开放部署落地见效　　125

三、贯彻全面深化改革总目标推动新时代治蜀兴川再上新台阶　128
　　（一）建设现代化经济强省　128
　　（二）强化教育科技和人才支撑　132
　　（三）加快民生社会事业发展　133
　　（四）提升治理体系和治理能力现代化水平　136

参考文献 /141

后　记 /145

第一章　全面深化改革的重大意义

党的十九大、十九届六中全会提出的"十个明确""十四个坚持""十三个方面成就"概括了习近平新时代中国特色社会主义思想的主要内容。"十个明确"中的第五个明确是："明确全面深化改革总目标是完善和发展中国特色社会主义制度、推进国家治理体系和治理能力现代化。"新时代新征程，我们要深刻领悟"两个确立"的决定性意义，深入学习领会习近平总书记关于全面深化改革总目标的重要论述，推动我国迈上全面建设社会主义现代化国家新征程。

作为重大论断在党的十八届三中全会通过的《中共中央关于全面深化改革若干重大问题的决定》中正式提出"全面深化改革的总目标是完善和发展中国特色社会主义制度，推进国家治理体系和治理能力现代化"，并在《中共中央关于党的百年奋斗重大成就和历史经验的决议》中被进一步明确。这一重大论断立足于新时代中国特色社会主义坚实的伟大实践土壤，彰显出我们党对共产党执政规律、社会主义建设规律、人类社会发展规律的认识的新发展，是基于近年来党在国家制度和国家治理方面的理论积淀与实践探索，进而立足当下、面向未来作出的战略安排。习近平总书记明确指出，"改革开放是党和人民大踏步赶上时代的重要法宝，是坚持和发展中国特色社会主义的必由之路，是决定当代中国命运的关键一招，也是决定实现'两个一百年'奋斗目标、实现中华民族伟大复兴的关键一招"。[①]

[①] 《习近平在庆祝改革开放40周年大会上的讲话》，《人民日报》2018年12月18日。

一、改革开放是党和人民大踏步赶上时代的重要法宝

在改革开放历程中,党的十一届三中全会开启了改革开放和社会主义现代化建设历史新时期;党的十八届三中全会开启了全面深化改革、系统整体设计推进改革的新时代,开创了中国改革开放的新局面。改革开放极大改变了中国的面貌、中华民族的面貌、中国人民的面貌和中国共产党的面貌。实践充分证明,改革开放是关乎党和国家事业发展全局的重大战略举措,是党和人民大踏步赶上时代的重要法宝。改革开放只有进行时,没有完成时。全面深化改革是传承改革开放历史经验的必然结果。

(一)改革开放 40 多年积累了宝贵的历史经验

改革开放是当代中国最鲜明的时代特色,是中国共产党最鲜明的时代旗帜,是中国人民最为自信和自豪的伟大创举。40 多年的改革开放积累了宝贵的历史经验,是党和人民弥足珍贵的精神财富,对新时代坚持和发展中国特色社会主义有着极为重要的指导意义,必须倍加珍惜、长期坚持,在实践中不断丰富和发展。

第一,必须坚持党对一切工作的领导,不断加强和改善党的领导。改革开放的实践表明,中国特色社会主义最本质的特征是中国共产党领导,中国特色社会主义制度的最大优势也是中国共产党领导。中国共产党是中国特色社会主义事业的领导核心,改革开放是在新的时代条件下党带领人民进行的新的伟大革命。正是因为始终坚持党的集中统一领导,中国才能实现伟大历史转折、开启改革开放新时期和中华民族伟大复兴新征程,才能成功应对一系列重大风险挑战、克服无数艰难险阻,才能有力应变局、平风波、战洪水、防非典、抗地震、化危机,才能既不走封闭僵化的老路也不走改旗易帜的邪路,而是坚定不移走中国特色社会主义道路。

第二,必须坚持以人民为中心,不断实现人民对美好生活的向往。中

国共产党来自人民、扎根人民、造福人民,全心全意为人民服务是党的根本宗旨,以最广大人民根本利益为中国共产党一切工作的根本出发点和落脚点。我国改革开放的一条重要经验,就在于我们党始终坚持以人民为中心,尊重人民主体地位。正因为党始终坚持了以人民为中心的政治立场和价值导向,始终把人民对美好生活的向往作为推进改革开放的重要目标,我们的改革开放才始终披荆斩棘、破浪前行,并取得了举世瞩目的辉煌成就。

第三,必须坚持马克思主义指导地位,不断推进实践基础上的理论创新。40多年来,我国改革开放取得伟大成就,关键是我们既坚持马克思主义基本原理,又根据当代中国实践和时代发展不断推进马克思主义中国化时代化,形成和发展了中国特色社会主义理论体系,创立了习近平新时代中国特色社会主义思想。中国共产党坚持理论联系实际,及时回答中国之问、世界之问、人民之问、时代之问,廓清困扰和束缚实践发展的思想迷雾,不断开辟马克思主义中国化时代化新境界。

第四,必须坚持走中国特色社会主义道路,不断坚持和发展中国特色社会主义。改革开放以来,中国共产党全部理论和实践的主题是坚持和发展中国特色社会主义。改革开放40多年来,中国人民始终艰苦奋斗、顽强拼搏,极大解放和发展了社会生产力,始终上下求索、锐意进取,开辟了中国特色社会主义道路。实践证明,中国特色社会主义这条路,走得通、走得对、走得好,改革是在中国特色社会主义道路上不断前进的改革,坚持中国特色社会主义方向是我国改革开放成功的根本原因。中国特色社会主义道路是当代中国大踏步赶上时代、引领时代发展的康庄大道,必须毫不动摇地走下去。

第五,必须坚持完善和发展中国特色社会主义制度,不断发挥和增强制度优势。制度是关系党和国家事业发展的根本性、全局性、稳定性、长期性问题。改革开放40多年来,中国共产党始终围绕完善和发展中国特色社会主义制度这个关键点,为解放和发展社会生产力、解放和增强社会活力、永葆党和国家生机活力提供了坚实保障，为保持社会大局稳定、保证人民安居乐业、保障国家安全提供了有力保证，为放手让一切劳动、资本、土地、知识、技术、管理、数据等要素的活力竞相迸发，让一切创造社会财富的源泉充分涌流不断建立了充满活力的体制机制。

（二）全面深化改革是对改革开放的继承和发展

党的十八届三中全会明确了全面深化改革的总目标是完善和发展中国特色社会主义制度，推进国家治理体系和治理能力现代化。这个总目标的确定，是改革进程本身向前拓展提出的必然要求，是坚持和发展中国特色社会主义的客观需要，是改革开放进入新时代的全新面貌。以习近平同志为核心的党中央以巨大的政治勇气和强烈的责任担当，最大限度集中全党全社会智慧，最大限度调动一切积极因素，坚决破除一切不合时宜的思想观念和体制机制的弊端，突破利益固化的藩篱，坚定不移、蹄疾步稳地推进全面深化改革，推动党和国家事业发生了历史性变革，使中国特色社会主义进入了新时代。党的十八大以来，中国共产党大力推进全面深化改革战略，把改革开放推向了新的高潮，推到了新的历史节点。

党的十八届三中全会既是改革开放伟大革命的继续，又是新时代全面深化改革的起点，是一次重要的历史性会议。党的十八届三中全会的召开，全面深化了改革的部署，是在改革开放以来"三个伟大飞跃"的关键节点上发生的。中华民族迎来了从站起来、富起来到强起来的伟大飞跃，在从富到强的发展阶段，迫切需要从体量增大到强筋健骨的体制机制变革。党的十八届三中全会从全面深化改革破局，拉开了新时代改革开放的大幕。这次全会对在新的历史起点上全面深化改革作出战略部署，是开创中国特色社会主义新时代的进军号角。改革不仅在经济领域展开，而且要在各个领域全面展开；改革不仅在好改的、容易改的问题上做文章，而且要啃硬骨头、涉险滩，坚决破除一切顽瘴痼疾。改革开放这场新的伟大革命，在新时代引向纵深，其范围之广、内容之多、程度之深、力度之大前所未有，为经济、政治、文化、社会、生态文明建设的全面发展进步提供了制度保障。

全面深化改革推动改革开放取得更多重大历史性成就。党的十八届三中全会明确提出全面深化改革的总目标，这既是全面深化改革的顶层设计，也是全面深化改革的基本遵循。改什么、怎么改必须以是否符合完善和发展中国特色社会主义制度、推进国家治理体系和治理能力现代化的总目标为根本尺度。全面深化改革总目标是在深刻总结改革开放历史经验的基础上得出的，是在系统把握新时代改革开放全局和大势的基础上得出的，为在新的历史起点上全面深化改革指明了总方向。改革呈现全面发力、多点突破、蹄疾步稳、纵深推进的新局面。供给侧结构性改革深入推进，经济持续健康发展，社会大局稳定，人民生活持续改善，使我国朝着全面建成社会主义现代化强国迈出了新的步伐。

（三）全面深化改革在新时代迸发蓬勃生机

全面深化改革是在新的起点上将改革开放进行到底。习近平总书记在庆祝改革开放40周年大会的重要讲话中，发出了"将改革开放进行到底，不断实现人民对美好生活的向往，在新时代创造中华民族新的更大奇迹"的动员令。习近平总书记强调必须坚持走中国特色社会主义道路，表明了在新的起点上改革开放再出发的方向指引。新时代改革开放再出发，就是要志不改、道不变、咬定青山不放松。全面深化改革的复杂性、艰巨性、风险性超过以往，牢牢把握改革开放的前进方向至关重要，决不能在根本性问题上出现颠覆性错误。坚持党对全面深化改革的领导，是确保改革开放行稳致远的政治保证。全面深化改革必须聚焦中国发展面临的突出矛盾和问题。全面深化改革必须是全面的系统的改革和改进，是各领域改革和改进的联动和集成。任何一个领域的改革都会牵动其他领域，需要各领域改革密切配合，要统筹考虑、全面论证、科学决策。习近平总书记在庆祝改革开放40周年大会的重要讲话中指出"创新是改革开放的生命"，这不仅总结了宝贵经验,而且指明了前进方向。勇敢推进理论创新、实践创新、制度创新、文化创新,是让中国人民和中华民族在历史进程中积累的强大能量更加充分爆发,是为实现中华民族伟大复兴提供磅礴力量的根本途径。全面深化改革是继续解放思想的强大推进器,是破除思想障碍的内在动力,推动新时代的改革不断迸发出蓬勃生机。

二、改革开放是坚持和发展中国特色社会主义的必由之路

改革开放最主要的成果是开创和发展了中国特色社会主义,为社会主义现代化建设提供了强大动力和有力保障。事实证明,改革开放是坚持和发展中国特色社会主义的必由之路,是决定当代中国命运的关键抉择。进入新时代之后,改革开放走向全面和深入,全面深化改革成为坚持和发展中国特色社会主义的必由之路。

(一)中国特色社会主义在改革开放中孕育和壮大

方向决定前途,道路决定命运。习近平总书记指出:"无论搞革命、搞建设、搞改革,道路问题都是最根本的问题。"[①] 改革开放以来,我们党在探索和实践中找到了、坚持了、拓展了中国特色社会主义道路。我们能够创造出人类历史上前无古人的发展成就,走出中国特色社会主义正确道路是根本原因。

坚持和发展中国特色社会主义是改革开放 40 多年来党的全部理论和实践的主题。中国特色社会主义是在改革开放时期孕育的,也是在这一历史时期不断发展和壮大的。40 多年来,在改革开放的伟大实践中,中国

---

① 《习近平关于实现中华民族伟大复兴的中国梦论述摘编》,中央文献出版社 2013 年版,第 28 页。

第一章
全面深化改革的重大意义

共产党始终坚持从实际出发，立足现实国情，解放思想、实事求是、与时俱进、求真务实，坚持马克思主义指导地位不动摇，坚持科学社会主义基本原则不动摇，勇敢推进理论创新、实践创新、制度创新、文化创新以及其他各方面创新，不断赋予中国特色社会主义以鲜明的实践特色、理论特色、民族特色、时代特色，形成了中国特色社会主义道路、理论、制度、文化，以不可辩驳的事实彰显了社会主义的鲜活生命力，社会主义的伟大旗帜始终在中国大地上高高飘扬。

改革开放的伟大实践，是中国特色社会主义形成和发展的不竭动力源泉。改革开放这一新的伟大社会革命深化了中国共产党对社会主义建设规律的认识，为坚持和发展中国特色社会主义提供了有力支撑。波澜壮阔的改革开放实践包含了从实行家庭联产承包、乡镇企业异军突起、取消农业税牧业税和特产税到农村承包地"三权"分置、打赢脱贫攻坚战、实施乡村振兴战略，从兴办深圳等经济特区、沿海沿边沿江沿线和内陆中心城市对外开放到加入世界贸易组织、共建"一带一路"、设立自由贸易试验区、谋划中国特色自由贸易港、成功举办首届中国国际进口博览会；从搞好国营大中小企业、发展个体私营经济到深化国资国企改革、发展混合所有制经济，从单一公有制到公有制为主体、多种所有制经济共同发展和坚持"两个毫不动摇"，从传统的计划经济体制到前无古人的社会主义市场经济体制再到使市场在资源配置中起决定性作用和更好发挥政府作用，从以经济体制改革为主到全面深化经济、政治、文化、社会、生态文明体制和党的建设制度改革。

社会主义社会是一个不断变化和改革的社会，世界上没有一成不变的社会主义。中国特色社会主义在改革开放中孕育产生，也在改革开放中发展壮大。习近平总书记指出："改革开放是中国人民和中华民族发展史上一次伟大革命，正是这个伟大革命推动了中国特色社会主义事业的伟大飞跃！"①

---

① 《习近平在庆祝改革开放40周年大会上的讲话》，《人民日报》2018年12月18日。

历史和现实表明，改革开放是开辟中国特色社会主义道路的逻辑起点，又是不断拓展这一道路的强大动力。

正是因为实行改革开放，大胆调整不适应生产力的生产关系，才调动起广大人民群众的积极性、主动性、创造性，极大激发了全社会的发展活力。没有改革开放就没有中国特色社会主义。同样，没有中国特色社会主义道路的开辟，也没有改革开放的伟大成就。改革开放以来，中国取得一切成绩和进步的根本原因，归结起来就是：开辟了中国特色社会主义道路，形成了中国特色社会主义理论体系，确立了中国特色社会主义制度，发展了中国特色社会主义文化。改革开放这一新的伟大社会革命深化了中国共产党对社会主义建设规律的认识，为坚持和发展中国特色社会主义提供了有力支撑。

（二）全面深化改革是发展中国特色社会主义的必然要求

全面深化改革是发展中国特色社会主义的鲜明旗帜。中国特色社会主义之所以能够解放和发展生产力，指导中国实现经济社会的全面发展，提高人民生活水平，不断推进社会主义现代化进程，关键就在于始终高举改革的伟大旗帜，并且不断地深化发展。全面深化改革，关系党和人民事业的前途命运，关系党的执政基础和执政地位。为推进中国特色社会主义进一步发展，必须坚持推进全面深化改革。发展中国特色社会主义要求全面审视当今世界和当代中国发展大势，全面把握中国发展新要求和人民群众新期待，打好全面深化改革这场攻坚战。发展中国特色社会主义要求加强底线思维，科学判断有利条件和不利因素，充分发挥中国的独特优势，抢占未来发展制高点，争取战略主动，坚定不移地通过全面深化改革不断激发党和国家生机活力。发展中国特色社会主义要求勇于担当，以更大的决心冲破思想观念的障碍、突破利益固化的藩篱，把党的十八届三中全会提出的改革指导思想、总体思路、目标任务和各项举措，学习领会好、贯彻落实好。

第一章
全面深化改革的重大意义

全面深化改革是不断推进中国特色社会主义制度自我完善和发展的正确方向。40多年来，中国共产党始终把改革开放作为推进中国特色社会主义发展的重要方向，这是中国特色社会主义取得巨大成功的根本原因。只有全面深化改革，才能实现中国特色社会主义制度的自我完善和发展，固步自封、自我僵化都是使制度衰败毁灭的毒药。

全面深化改革是发挥中国特色社会主义制度优越性的重要实践。要更好地发挥中国特色社会主义制度的优越性，必须从各个领域全面深化改革。面对发展中的问题和发展后的问题、一般矛盾和深层次矛盾、有待完成的任务和新提出的任务交织叠加的情况，只有全面深化改革才能发挥中国特色社会主义制度优越性。习近平总书记明确提出："只要有利于解放和发展社会生产力，只要有利于推动经济社会持续健康发展，只要有利于实现好、维护好、发展好最广大人民根本利益，只要有利于巩固党的执政基础和执政地位，就要大胆试、大胆闯，就要坚决破、坚决改。"[1] 这"四个只要"，为在新的历史起点上全面深化改革提供了科学指导。全面深化改革，就是要大胆探索，勇于开拓，尤其是要有自我革新的胸怀，勇于破除各种利益固化的症结所在，敢于革除体制上的顽瘴痼疾。同时，要坚持摸着石头过河，稳扎稳打，积小胜为大胜，一步一个脚印地向改革总目标迈进。

全面深化改革是推动中国特色社会主义实现公平正义的内在要求。民心是最大的政治。我们党是全心全意为人民服务的党，坚持立党为公、执政为民，把人民对美好生活的向往作为始终不渝的奋斗目标。全面深化改革是推动中国特色社会主义实现公平正义的必然选择。通过全面深化改革创造更加公平正义的社会环境，不断克服各种有违公平正义的现象。习近平总书记指出："推进任何一项重大改革，都要站在人民立场上把握和处理好涉及改革的重大问题，都要从人民利益出发谋划改革思路、制定

---

[1] 《习近平关于全面深化改革论述摘编》，中央文献出版社2014年版，第142页。

改革举措。"① 只要充分调动群众推进改革的积极性、主动性、创造性，全面深化改革，就能实现中国特色社会主义的公平正义。

（三）全面深化改革必须牢牢坚持中国特色社会主义的正确方向

改革开放只有进行时，没有完成时。2018年10月24日，习近平总书记到深圳考察，参观了"大潮起珠江——广东改革开放40周年展览"，他强调，改革开放40周年之际再来这里，就是要向世界宣示中国改革不停顿、开放不止步，中国一定会有让世界刮目相看的新的更大奇迹。② 进入新时代以来，以习近平同志为核心的党中央高举中国特色社会主义大旗、全面深化改革开放。党的十八届三中全会以"全面深化改革"为主题，深入研究全面深化改革在各个领域的重大问题，对新时代中国特色社会主义的改革发展作出了新的部署与安排。资料显示，关键词"全面深化改革"在党的十八届三中全会公报中出现了高达22次，这说明了全面深化改革是坚持和发展中国特色社会主义的必由之路，也是实现社会主义现代化的应有之义。

1. 全面深化改革的中心是改革

中国特色社会主义在改革开放中产生，也必将在改革开放中发展壮大。从党的十一届三中全会党中央明确实行改革开放后，改革就成为引领中国发展的重要方式。改革开放40多年的实践足以证明，这一伟大创举使中国实现了从站起来到富起来，再从富起来到强起来的两次历史性飞跃，是新时代中国不断奋勇向前的动力源泉。40多年来，不论是经济社会发展，还是人民群众幸福感都实现了前所未有的提升，这充分地证明了

---

① 习近平：《切实把思想统一到党的十八届三中全会精神上来》，《人民日报》2014年1月1日。

② 谢环驰、鞠鹏：《习近平在广东考察时强调 高举新时代改革开放旗帜 把改革开放不断推向深入》，《人民日报》2018年10月26日。

改革是一个正确的选择。因此,新时代更要继续坚定不移地高举改革开放大旗、积极响应"改革开放再出发"的号召,在更高起点、更高层次、更高目标上推进改革开放,牢牢守住改革这一中心。

2. 全面深化改革的关键是深化

改革由问题倒逼而产生,又在不断解决问题中得以深化。同时,新旧问题在不断转化,可能旧问题得到解决,新问题又出现,甚至旧问题尚未解决,新问题已经出现。因而改革既不可能一蹴而就,也不可能一劳永逸。经过多年的改革开放,简单的、皆大欢喜的改革已经完成,通俗地讲,就是"好吃的肉"都已经吃完,剩下的都是"难啃的硬骨头",牵一发而动全身。这就要求胆子要大,步子要稳。胆子要大,就是改革再难也要向前推进,以壮士断腕、背水一战的勇气奋力攻克改革"长征"中的"娄山关"和"腊子口",一定要将改革进行到底。步子要稳,就是方向一定要准,推进一定要稳,尤其不能犯颠覆性错误。一定要有自我革新的勇气和胸怀,跳出条条框框限制,克服部门利益掣肘,以积极主动的精神研究和提出改革举措。要把解放思想放在全面深化改革开放的首要位置,要处理好解放思想与实事求是的关系、处理好整体推进和重点突破的关系、处理好全局和局部的关系、处理好顶层设计和摸着石头过河的关系、处理好胆子要大和步子要稳的关系、处理好改革发展稳定的关系等一系列的矛盾。人民日益增长的美好生活需要和不平衡不充分的发展之间的矛盾要求全党全国只有坚持全面深化改革开放一条路,不断推进中国特色社会主义制度自我完善和发展,进一步解放和发展生产力,继续充分释放全社会创造活力,重点解决不平衡不充分的矛盾,才能更好地满足人民日益增长的美好生活需要。

3. 全面深化改革的重点是全面

党的十八届三中全会明确指出,中国共产党所进一步推进的改革是"全面"改革。"全面深化改革,全面者,就是要统筹推进各领域改革,就需要有管总的目标,也要回答推进各领域改革最终是为了什么、要取得什么样的整体结果这个问题。"① 全面深化改革是包括经济、政治、文化、社会和生态文明等方面全方位、多角度、系统而又全面的改革。绝对不是某个领域、某个方面的单项改革，单方面、单领域的改革从来就不是改革开放的正确内涵，党带领人民所进行的改革开放是健全的改革，是"两条腿走路"的改革，不是"跛子"式的改革。新的历史条件下更要以"全面"二字引领全面深化改革的健康运行。

三、改革开放是决定当代中国命运的关键一招

改革开放是我们党的一次伟大觉醒。习近平总书记指出："改革开放是决定当代中国命运的关键一招，也是决定实现'两个一百年'奋斗目标、实现中华民族伟大复兴的关键一招。"② 正是这个伟大觉醒孕育了我们党从理论到实践的伟大创造。改革开放是中国人民和中华民族发展史上的一次伟大革命，正是这个伟大革命推动了中国特色社会主义事业的伟大飞跃。改革开放已成为当代中国最鲜明的特色、当代中国共产党人最鲜明的品格。

（一）党的十一届三中全会：实行改革开放的历史性决策

1978 年 12 月，在党和国家面临何去何从的重大历史关头，党的十一届三中全会召开，作出把党和国家工作中心转移到经济建设上来、实行改革开放的历史性决策。党的十一届三中全会，显示了中国共产党顺应时代潮流和人民愿望、勇敢开辟中国特色社会主义道路的坚定决心。实践充分证明，改革开放是党和人民大踏步赶上时代的重要法宝，是坚持和发展中国特色社会主义的必由之路，是决定当代中国命运的关键一招，也是决定

---

① 《习近平关于全面深化改革论述摘编》，中央文献出版社 2014 年版，第 26 页。
② 《习近平总书记系列重要讲话读本》，人民出版社、学习出版社 2014 年版，第 38 页。

第一章
全面深化改革的重大意义

实现"两个一百年"奋斗目标、实现中华民族伟大复兴的关键一招。改革开放40多年积累的宝贵经验是党和人民弥足珍贵的精神财富，对新时代坚持和发展中国特色社会主义有着极为重要的指导意义。

1. 改革开放的历史性决策：把党和国家工作中心转移到经济建设上来

在中国改革开放发展史上，党的十一届三中全会是一个极为重要的转折点。当时，为了摆脱贫困和落后，实现国家的现代化，中国共产党决定在经济上进行全面改革，作出了把党和国家工作中心转移到经济建设上来的决策，这一决策标志着党和国家开始将主要精力投入经济建设中，努力通过经济发展来改善人民生活，提高国家综合国力。

党的十一届三中全会作出的这一历史性决策，为中国的社会主义现代化建设新时期铺平了道路。在此基础上，中国开始了一系列的改革措施，如农村的家庭联产承包责任制、城市的企业改革等，这些改革都是围绕经济建设这个中心展开的。该决策的实施，使得中国经济快速发展，人民生活水平显著提高，社会主义建设开始步入正轨。改革开放政策的实施，使中国从封闭的计划经济体制逐步转变为开放的市场经济体制。中国通过大胆地试、勇敢地改，闯出了一条新路、好路。在这个过程中，中国共产党不断总结经验、调整政策、改进工作方法。特别是在改革开放初期，党带领全国人民开展了一场前所未有的经济建设大潮。与此同时，中国开始积极参与国际经济合作和竞争，努力融入世界经济体系。正是这一系列改革措施，使中国经济取得了长足的发展，从一个贫穷落后的农业国，逐步转变为一个工业化、现代化的国家。总的来说，党的十一届三中全会作出的把党和国家工作中心转移到经济建设上来的历史性决策，标志着中国改革开放和社会主义现代化建设新时期的开启，对中国的发展产生了深远影响，使中国在短短几十年内实现了从传统农业国到现代化国家的历史性跨越，也使中国在世界上的地位和影响力得到了显著提升。

习近平总书记指出，改革开放和社会主义建设新时期，我们党作出把党和国家工作中心转移到经济建设上来、实行改革开放的历史性决策,大力推进实践基础上的理论创新、制度创新、文化创新以及其他各方面创新,实行社会主义市场经济体制,实现了从生产力相对落后的状况到经济总量跃居世界第二的历史性突破,实现了人民生活从温饱不足到总体小康、奔向全面小康的历史性跨越,为中国式现代化提供了充满新的活力的体制保证和快速发展的物质条件。①

2. 改革开放的实践探索：大胆地试、勇敢地改，闯出一条新路、好路

党的十一届三中全会后,鉴于国民经济中一些重大比例关系严重失调的状况和经济工作中急于求成的现象的出现,党中央制定了"调整、改革、整顿、提高"的八字方针,开始对国民经济进行调整,提出了以"提高经济效益"为中心发展国民经济的具体措施。通过经济调整,从1981年起,主要经济比例关系逐渐趋于合理,长期存在的积累率过高和农业、轻工业严重滞后的情况有了根本改变。经济体制改革,首先在农村取得成功。1978年夏秋之际,安徽省凤阳县小岗生产队等一些地方和农民自发实行包干到组或包产到户责任制,这种"包干到户"的简单易行的做法在多地得到推行。党的十一届四中全会通过的《中共中央关于加快农业发展若干问题的决定》和1982年党中央批转的《全国农村工作会议纪要》,则为农村体制改革打开了政策大门。在党中央的大力支持下,各种形式的家庭联产承包责任制迅猛发展,包产到户、包干到户的"双包"责任制迅速推广。1982年,我国农业获得少有的大丰收。农村改革的率先突破,为其他领域的改革作出了示范、积累了经验。1979年4月,党中央决定在北京、天津、上海等地的大型国营企业进行扩大企业自主权改革试点,城市经济体制改革逐步在全国展开。

---

① 《习近平在学习贯彻党的二十大精神研讨班开班式上发表重要讲话强调 正确理解和大力推进中国式现代化》,《人民日报》2023年2月7日。

第一章
全面深化改革的重大意义

在对内改革的同时,中国也加快了对外开放的步伐。1978年10月10日,邓小平同志在会见德意志联邦共和国新闻代表团时,明确使用了"开放"一词,提出是向世界各国学习的时候了。1978年,我国共有12名国务院副总理率团出访国外约20次,共访问了全世界51个国家。邓小平同志也在此期间先后出访了日本、新加坡。各代表团、考察团回国后,也纷纷提交报告,建议在借鉴西方先进发展经验的同时,加快引进国外资金和西方先进技术,更好地促进我国经济建设,推进我国现代化建设。在1979年4月召开的中央工作会议期间,邓小平同志听取了广东省委负责人关于在毗邻港澳的深圳、珠海和汕头开办出口加工区的建议,非常赞同这一设想,认为这是一种新思路,是中国实施开放政策、促进经济发展的一个重要突破口。同年,党中央、国务院批准广东、福建在对外经济活动中实行"特殊政策、灵活措施",并决定在深圳、珠海、厦门、汕头试办出口特区。1980年5月,将"出口特区"改名为"经济特区",同年8月批准在深圳、珠海、汕头和厦门设置经济特区。1988年4月13日,第七届全国人民代表大会第一次会议通过了关于建立海南省经济特区的决议,建立了海南经济特区。深圳等经济特区的创建成功,为进一步扩大开放积累了经验,有力推动了中国改革开放和现代化的进程。在来自全国各地的建设大军的艰苦努力下,经济特区快步发展,成为引进外资和先进技术的前沿地区。创办经济特区,是坚持实事求是、敢为人先的实践创新,在体制改革中发挥了试验田作用,在对外开放中发挥了重要窗口作用。与此同时,党中央还依托有利的国际环境,通过积极引进利用外资、改革对外贸易体制等重大举措拓展了对外开放。

3. 改革开放的成就展示:中国经济实力、综合国力、人民生活水平不断跨上新台阶

以公有制为主体、多种所有制经济共同发展的基本经济制度得到确立之后,农村经济体制改革不断深入,从"包产到户"、实现家庭联产承包责任制,到以全面攻坚为特点的农村综合改革,农村经济体制改革步步深入。随着国有企业改革不断取得突破,改革逐步确立了符合社会主义市场经济要求的现代企业制度的基本框架,国有资本有进有退、合理流动的机制不断完善,国有资本更多地投向关系国家安全和国民经济命脉的重要行业和关键领域,国有经济的主体地位进一步巩固。国有大型企业股份制改革正在积极推进,国有资产管理和监督体制已经建立并不断健全。所有制结构不断调整,在放宽市场准入、加大财税金融支持、完善社会服务、改进政府监管等方面采取了一系列措施,非公有制资本进入民航、铁路、文化、出版和金融等重要领域的政策限制实现重要突破,非公有制经济发展的服务体系和信用担保体系建设步伐加快。收入分配和社会保障制度日臻完善,建立了把按劳分配与按生产要素分配结合起来的机制,社会保障改革的力度不断加强,初步建立了以城镇职工基本养老、医疗、失业保险为主要内容的社会保障体系。宏观调控体系逐步健全,财政政策和货币政策对宏观经济的调控作用也越来越强,通过不断进行行政、投资、金融、财政、税收、外贸、外汇、价格、流通等方面的改革,国民经济市场化进程不断加快,市场在资源配置中的基础性作用不断增强,宏观调控由原来的行政手段和计划手段为主逐步转变为以财政政策和货币政策为主,并与其他手段相配合。

国民经济快速增长,国内生产总值由 1952 年的 679 亿元上升到 2006 年的 209407 亿元,年均递增 7.9%。其中 1979—2006 年年均增长 9.6%,是新中国经济发展最快的时期,是世界同期增长速度最快的国家。综合经济实力明显增强。2005 年中国国内生产总值跨过 2 万亿美元跃居世界第四位,国内生产总值占世界的份额由 2001 年的 4.2% 提高到 2005 年的 5.0%,人均 GDP 则由 1978 年的 257 元提高到 2006 年的 15930 元。城镇居民人均可支配收入由 1978 年的 343 元提高到 2006 年的 11759 元,增长了 34.3 倍;农民人均纯收入由 1978 年的 135.8 元提高到 2006 年的 3587 元,增长了 26.4 倍。城乡居民储蓄存款由 1978 年末的 210 亿元增加到 2006 年末的 166627 亿元。收入水平的增长有效地提高了居民的消费水平。改革开放初期，城镇居民恩格尔系数都在57%以上，农村居民高于60%；2006年城镇居民家庭恩格尔系数为35.8%，接近中等收入国家水平，农村居民家庭为43%。城镇居民人均住房使用面积由1986年末的8.8平方米扩大到2005年末的21.3平方米。2005年，2.9%的城镇居民家庭居住单栋住宅，33.1%的家庭居住三、四居室，住宅的配套设施得到明显改善。农村居民人均住房面积由1978年的8.1平方米扩大到29.7平方米。1978年全国的绝对贫困人口约有2.5亿，2006年农村贫困人口降低到2148万人。

改革开放实现了从高度集中的计划经济体制到充满活力的社会主义市场经济体制、从封闭半封闭到全方位开放的历史性转变，实现了从生产力相对落后的状况到经济总量跃居世界第二的历史性突破，实现了人民生活从温饱不足到总体小康、最终全面建成小康社会的历史性跨越。

（二）党的十八届三中全会：对全面深化改革进行总体擘画

党的十八届三中全会通过了《中共中央关于全面深化改革若干重大问题的决定》，对改革开放以来党的伟大历程进行了全面总结，明确指出"改革开放是党在新的时代条件下带领全国各族人民进行的新的伟大革命，是当代中国最鲜明的特色"，强调"面对新形势新任务，全面建成小康社会，进而建成富强民主文明和谐的社会主义现代化国家、实现中华民族伟大复兴的中国梦，必须在新的历史起点上全面深化改革，不断增强中国特色社会主义道路自信、理论自信、制度自信"。习近平总书记指出，党的十一届三中全会是划时代的，开启了改革开放和社会主义现代化建设历史新时期；党的十八届三中全会也是划时代的，开启了全面深化改革、系统整体设计推进改革的新时代，开创了我国改革开放的新局面。①

---

① 《习近平关于〈中共中央关于坚持和完善中国特色社会主义制度 推进国家治理体系和治理能力现代化若干重大问题的决定〉的说明》，《人民日报》2019年11月6日。

1. 改革开放的总体擘画：对经济体制、政治体制、文化体制、社会体制、生态文明体制等作出部署

党的十八届三中全会后党中央成立全面深化改革领导小组，习近平总书记亲自担任组长，亲力亲为谋划指导改革，主持中央全面深化改革领导小组工作，发挥党总揽全局、协调各方的领导核心作用。实践证明，加强和改善党对全面深化改革的集中统一领导，是艰巨复杂的改革工作得以顺利推进的根本政治保证。全面深化改革，必须发挥党总揽全局、协调各方的作用，确保改革开放这艘航船沿着正确航向破浪前行。

党的十八届三中全会强调，要以经济体制改革为重点，努力推进政治体制、文化体制、社会体制、生态文明体制、国防和军队改革以及党的建设制度改革，描绘了全面深化改革的新蓝图、新愿景、新目标，明确了全面深化改革的战略重点、优先顺序、主攻方向、推进方式和时间表、路线图，是全面深化改革的总部署、总动员，在全面深化改革进程中具有里程碑意义。全面深化改革，要增强战略思维、辩证思维、创新思维、法治思维、底线思维，加强宏观思考和顶层设计，坚持方向不变、道路不偏、力度不减，推动新时代改革开放走得更稳、走得更远。

2. 改革开放的攻坚战：敢于突进深水区，敢于面对新矛盾新挑战

党的十八届三中全会以来，以习近平同志为核心的党中央以巨大的政治勇气和强烈的政治担当，带领全党全国各族人民，全面审视国际国内新的形势，通过总结实践、展望未来，推动具有新的时代特征的一系列重大改革，把全面深化改革引向深处，啃下了不少硬骨头，闯过了不少急流险滩，改革呈现全面发力、多点突破、蹄疾步稳、纵深推进的局面。随着改革向纵深推进，推动改革的难度也随之增大。我们现在所处的，是一个船到中游浪更急、人到半山路更陡的时候，是一个愈进愈难、愈进愈险而又不进则退、非进不可的时候，这就是改革的难点所在。经过长期发展，利益格局更加复杂多样，既有安于现状、不愿改革的群体，也存在担心风险、不敢改革的心态，还有急功近利、冒失推进的现象，这就是改革的攻坚期和深水区。

面对新问题、新矛盾，一些长期形成的思维定式阻碍着改革发展。这就要求我们胆子要大、步子要稳。随着改革的不断深入，涉及的利益关系越来越复杂，往往会触及一部分人的既得利益，改革的难度和阻力也相应增大。全面深化改革不仅需要解放思想、更新观念，更重要的是要处理好各种利益关系，打破不合理的利益格局，建立新的利益协调机制，以最大限度地减少改革阻力，从而为改革创造良好的社会环境。

3. 改革开放的历史性变革：各领域基础性制度框架基本建立，中国特色社会主义制度更加成熟更加定型

党的十八届三中全会以来，重要领域和关键环节改革取得突破性进展，主要领域改革主体框架基本确立，中国特色社会主义制度更加完善，国家治理体系和治理能力现代化水平明显提高，全社会发展活力和创新活力明显增强，中国特色社会主义制度更加成熟更加定型。

党的十八届三中全会以来，全面深化改革从总体设计进入夯基垒台、立柱架梁的新阶段，相继推出1900多个改革方案，很多改革成果都已通过立法和制度确立下来。经济体制、政治体制、文化体制、社会体制、生态文明体制、国防和军队改革以及党的建设制度改革全面发力，国有企业、财税金融、科技创新、土地制度、对外开放、文化教育、养老就业、医药卫生、司法公开、环境保护等主要领域"四梁八柱"性改革全面铺开，解决了许多长期想解决而没有解决的难题，办成了许多过去想办而没有办成的大事，推动党和国家事业发生历史性变革。

（三）党的十九届四中全会：对新时代全面深化改革勾画出更加清晰的顶层设计

2019年10月，党的十九届四中全会对新时代全面深化改革勾画出更加清晰的顶层设计。这次全会，同党的十八届三中全会历史逻辑一脉相承、理论逻辑相互支撑、实践逻辑环环相扣，系统集成了自党的十八届三中全会以来全面深化改革的理论成果、制度成果、实践成果，对坚持和完善中国特色社会主义制度、把制度优势更好地转化为国家治理效能产生了重大而深远的影响。

1. 改革开放的理论支撑：系统集成了党的十八届三中全会以来全面深化改革的理论成果

党的十九届四中全会审议通过的《中共中央关于坚持和完善中国特色社会主义制度 推进国家治理体系和治理能力现代化若干重大问题的决定》（以下简称《决定》），系统总结了我国国家制度和国家治理体系的巨大成就和十三个显著优势，深入回答了在我国国家制度和国家治理体系上该坚持和巩固什么、完善和发展什么等重大政治问题，对新时代坚持和完善中国特色社会主义制度、推进国家治理体系和治理能力现代化作出了顶层设计和全面部署，系统集成了党的十八届三中全会以来全面深化改革的理论成果。

全会明确了"十三个坚持和完善"，强调必须突出坚持和完善支撑中国特色社会主义制度的根本制度、基本制度、重要制度，着力固根基、扬优势、补短板、强弱项，构建系统完备、科学规范、运行有效的制度体系，加强系统治理、依法治理、综合治理、源头治理，把我国制度优势更好地转化为国家治理效能。全会准确把握我国国家制度和国家治理体系的演进方向和规律，既阐明必须牢牢坚持的重大制度和原则，又部署推进制度建设的重大任务举措，为坚持和完善中国特色社会主义制度、推进国家治理体系和治理能力现代化指明了前进方向，为推动各方面制度更加成熟更加定型明确了时间表、路线图。

2. 改革开放的制度保障：坚持和完善中国特色社会主义制度，把制度优势更好地转化为国家治理效能

党的十九届四中全会强调，必须构建系统完备、科学规范、运行有效的制度体系，把我国制度优势更好转化为国家治理效能，不断彰显"中国之治"的制度优势和强大生命力。

第一章
全面深化改革的重大意义

党的十九届四中全会总结实践经验，对党已经明确的根本制度、基本制度、重要制度等作出了一些新的概括。比如把社会主义基本经济制度确定为"公有制为主体、多种所有制经济共同发展，按劳分配为主体、多种分配方式并存，社会主义市场经济体制等社会主义基本经济制度"，明确提出"坚持马克思主义在意识形态领域指导地位的根本制度"，对中国特色社会主义法治体系、中国特色社会主义行政体制、繁荣发展社会主义先进文化的制度、统筹城乡的民生保障制度、共建共治共享的社会治理制度、生态文明制度体系、党对人民军队的绝对领导制度、"一国两制"制度体系、党和国家监督体系等也作出进一步阐述。这三类制度，从不同层次围绕内政外交国防、治党治国治军，对党和国家各方面事业作出制度安排，是中国特色社会主义制度的总纲和总遵循。全会指出，在长期的奋斗中，党带领人民创造了经济快速发展奇迹、社会长期稳定奇迹。这"两大奇迹"之所以能够产生是党带领人民长期不懈奋斗的必然结果，也是我国国家制度和治理体系显著优势充分发挥的必然结果。

3. 改革开放的实践创新：实行更加积极主动的开放战略，构建互利共赢、多元平衡、安全高效的开放型经济体系

开放也是改革。以开放促改革、促发展，是我国发展不断取得新成就的重要法宝。改革不停顿，开放不止步。习近平总书记强调："中国开放的大门只会越开越大，永远不会关上。"① 开放是当代中国的鲜明标识。改革开放以来，我们坚持对外开放基本国策，打开国门搞建设，实现了从封闭半封闭到全方位开放的伟大历史转折。中国在对外开放中展现大国担当，成为世界经济增长的主要稳定器和动力源，促进了人类和平与发展的崇高事业。中国不断扩大对外开放，不仅发展了自己，也造福了世界。过去中国经济发展是在开放条件下取得的，未来中国经济发展也必须在更加开放的条件下进行。这是根据中国改革发展客观需要作出的自主选择，有

---

① 《习近平重要讲话单行本》（2021年合订本），人民出版社2022年版，第131页。

利于推动经济高质量发展，有利于满足人民对美好生活的向往，有利于世界和平、稳定、发展。

中国坚定奉行互利共赢的开放战略，不断以中国新发展为世界提供新机遇，推动建设开放型世界经济，更好地惠及各国人民。新时代，以习近平同志为核心的党中央总揽战略全局，坚持站在历史正确的一边，站在人类进步的一边，坚定维护和推动经济全球化，践行开放发展理念，对外开放取得新的重大成就，奏响了中国与世界交融发展的新乐章。中国的发展离不开世界，世界的繁荣也需要中国。未来之中国，必将以更加开放的姿态拥抱世界，必将同世界形成更加良性的互动。

改革开放40多年来，从开启新时期到跨入新世纪，从站上新起点到进入新时代，我们解放思想、实事求是，大胆地试、勇敢地改，闯出了一条新路、好路，干出了一片新天地，实现了从赶上时代到引领时代的伟大跨越。特别是党的十八大以来，以习近平同志为核心的党中央以巨大的政治勇气全面深化改革，打响改革攻坚战，强化改革顶层设计，敢于突进深水区，敢于面对新矛盾新挑战，冲破思想观念束缚，突破利益固化藩篱，坚决破除各方面体制机制弊端，各领域基础性制度框架基本建立，许多领域实现历史性变革、系统性重塑、整体性重构，中国特色社会主义制度更加成熟更加定型，国家治理体系和治理能力现代化水平明显提高。实行更加积极主动的开放战略，着力推进高水平对外开放，构建互利共赢、多元平衡、安全高效的开放型经济体系，不断增强我国国际经济合作和竞争新优势。全面深化改革开放不断向广度和深度进军，党和国家事业焕发出新的生机活力。改革开放只有进行时，没有完成时。新时代坚持和发展中国特色社会主义，根本动力仍然是全面深化改革开放。前进道路上，要坚定不移推进改革，坚定不移扩大开放，进一步解放思想、进一步解放和发展社会生产力、进一步解放和增强社会活力，继续用足用好改革开放这个关键一招，将改革开放进行到底。

第二章　全面深化改革总目标的内容体系

习近平总书记指出："全面深化改革，全面者，就是要统筹推进各领域改革，就需要有管总的目标，也要回答推进各领域改革最终是为了什么、要取得什么样的整体结果这个问题。"① 明确全面深化改革总目标是完善和发展中国特色社会主义制度、推进国家治理体系和治理能力现代化，是习近平新时代中国特色社会主义思想的重要组成部分，充分彰显了中国共产党对改革认识的持续深入和系统化，表明了对中国特色社会主义发展规律更准确的把握。准确把握全面深化改革总目标的科学内涵，持续推动全面深化改革走深走实，方能为实现中华民族伟大复兴提供强大支撑。

一、全面深化改革总目标提出的重大意义

习近平总书记在省部级主要领导干部学习贯彻十八届三中全会精神全面深化改革专题研讨班上的讲话中指出，"摆在我们面前的一项重大历史任务，就是推动中国特色社会主义制度更加成熟更加定型"。② 我国社会主义实践已经走过了前半程，在这一阶段的主要历史任务是建立社会主义基本制度，并在这个基础上进行改革。如今，我们逐步走入了社会主义实

---

① 《习近平关于全面深化改革论述摘编》，中央文献出版社2014年版，第26页。
② 《习近平谈治国理政》第一卷，外文出版社2018年版，第104—105页。

践的后半程，新阶段的主要历史任务是完善和发展中国特色社会主义制度，为党和国家事业发展、为人民幸福安康、为社会和谐稳定、为国家长治久安提供一整套更完备、更稳定、更管用的制度体系。完成这项极为宏大的工程，必须依靠全面的系统的改革和改进，实现各个领域改革和改进的联动和集成，在国家治理体系和治理能力现代化上形成总体效应、取得总体效果。

（一）全面深化改革推进制度完善和发展

改革从根本意义上说是制度的自我调整和完善，这是社会主义制度的特有属性，也是不断完善和发展中国特色社会主义制度的内在要求。恩格斯曾指出："所谓'社会主义社会'不是一种一成不变的东西，而应当和任何其他社会制度一样，把它看成是经常变化和改革的社会。"① 这一科学论断在中国特色社会主义事业的发展中得到了充分证明，特别是改革开放40多年的丰富实践为之提供了无限丰富的注脚。党的十九届六中全会通过的《中共中央关于党的百年奋斗重大成就和历史经验的决议》（以下简称《决议》）对改革开放和社会主义现代化建设新时期的重大成就和历史经验进行了全面而深刻的总结，并进一步强调，改革开放是党的一次伟大觉醒，是中国人民和中华民族发展史上的一次伟大革命。中国特色社会主义制度在改革开放中不断完善，为实现中华民族伟大复兴提供了充满新的活力的体制保证和快速发展的物质条件，使中国大踏步赶上了时代。

在党的历史上，有两次会议因聚焦于社会主义制度的完善和发展而具有划时代的意义。一次是1978年12月召开的党的十一届三中全会，另一次则是2013年11月召开的党的十八届三中全会。前者标志着改革开放和社会主义现代化建设历史新时期的开启，而后者则开创了我国改

---

① 《马克思恩格斯全集》第三十七卷，人民出版社1971年版，第443页。

革开放新局面，标志着全面深化改革、系统整体设计推进改革的新时代的开启。

党的十一届三中全会实现了自新中国成立以来在党的历史上具有深远意义的伟大转折。在改革开放新时期，中国共产党实现了社会主义制度的创立，并使之成为一个具有自我完善和持续发展能力的制度。中国共产党人深刻地认识到制度问题是具有根本性、全局性的，涉及长期稳定发展的重大问题，需要不断地为之努力。中国共产党人认识到，好的制度可以阻止坏人的任意横行，不好的制度可能会使好人无法充分做事，中国需要30年甚至更长时间，在各个方面构建起一套更加成熟、定型的制度。党的十一届三中全会以来，中国特色社会主义制度逐渐形成并不断完善，中国特色社会主义道路成为指引中国发展繁荣的正确道路。

党的十八届三中全会提出全面深化改革的总目标是完善和发展中国特色社会主义制度、推进国家治理体系和治理能力现代化，开创了我国改革开放新局面，对于开创新时代中国特色社会主义具有划时代意义。在新时代全方位推进中国特色社会主义制度的持续完善和不断发展，必须把制度建设摆到更加突出的位置。随着党的十八届三中全会推出的336项重大改革举措相关实施方案的不断出台和改革行动的具体落实，在重要领域和关键环节的改革成效凸显，各领域的基础性制度体系基本形成。2019年10月党的十九届四中全会召开，习近平总书记在向全会作说明时指出："相比过去，新时代改革开放具有许多新的内涵和特点，其中很重要的一点就是制度建设分量更重，改革更多面对的是深层次体制机制问题，对改革顶层设计的要求更高，对改革的系统性、整体性、协同性要求更强，相应地建章立制、构建体系的任务更重。新时代谋划全面深化改革，必须以坚持和完善中国特色社会主义制度、推进国家治理体系和治理能力现代化为主轴，深刻把握我国发展要求和时代潮流，把制度建设和治理能力建设摆到更加突出的位置，继续深化各领域各方面体制机制改革，推动各方面制度更加成熟更加定型，推进国家治理体系和治理能力现代化。"①

（二）全面深化改革为奋进新征程提供制度保障

党的十八大以来，中国特色社会主义进入新时代。中国共产党带领全国各族人民实现了第一个百年奋斗目标，开启了实现第二个百年奋斗目标的新征程。完善和发展中国特色社会主义制度、推进国家治理体系和治理能力现代化是全面建成社会主义现代化强国的题中之义，必须在全面深化改革中使中国特色社会主义制度的显著优势进一步彰显。在新征程上，制度必将发挥根本性、全局性、长远性的作用，只有更为成熟的、稳定的制度，才能更充分地发挥出治理体系的效能，才能更有效地确保经济社会各方面的持续发展。国家治理体系是中国共产党领导下实现国家管理的制度体系，涉及经济、政治、文化、社会、生态文明和党的建设等诸多领域的体制机制构建和法律法规设计，是关联紧密、相互协调的一整套国家制度。国家治理能力则是运用构建良好的治理体系有效管理社会各方面事务的能力。二者之间相辅相成，共同形成一个有机整体。

在经济建设领域，要使社会主义市场经济体制更加完善，更高水平的开放型经济新体制基本形成，进一步处理好政府与市场的关系，围绕使市场在资源配置中起决定性作用、更好发挥政府作用这一目标持续推动经济体制改革。要不断完善社会主义基本经济制度，构建公平有序的市场环境，激发市场主体活力，提升城乡居民收入，实现经济的平衡、协调、可持续发展。在经济实力持续增强的基础上，进一步推动国家科技实力、综合实力跃上新台阶，使我国经济迈上更高质量、更有效率、更加公平、更可持续、更为安全的发展之路。

在政治建设领域，要通过深化政治体制改革来实现坚持党的领导、人

---

① 《习近平关于〈中共中央关于坚持和完善中国特色社会主义制度 推进国家治理体系和治理能力现代化若干重大问题的决定〉的说明》，《人民日报》2019年11月6日。

民当家作主、依法治国的有机统一。要使全过程人民民主制度化、规范化、程序化水平进一步提高，把人民当家作主具体地、现实地体现到党治国理政的政策措施上来，使全过程人民民主不仅有完整的制度程序，而且有完整的参与实践。要使中国特色社会主义法治体系更加完善且持续增强党运用法治方式领导和治理国家的能力。坚持法治国家、法治政府、法治社会一体建设，加快形成完备的法律规范体系、高效的法治实施体系、严密的法治监督体系、有力的法治保障体系，加快形成完善的党内法规体系，全面推进科学立法、严格执法、公正司法、全民守法。

在文化建设领域，要围绕培育和践行社会主义核心价值观、推进社会主义文化强国的目标不断深化文化体制改革，不断完善和发展社会主义先进文化的制度。要持续构建并坚持马克思主义在意识形态领域处于指导地位的根本制度，以社会主义核心价值观引领文化建设制度。要以制度建设切实保障人民群众的文化权益，激发全民族文化创新创造活力，实现社会效益和经济效益相统一的文化创作生产，不断增强全党全国各族人民的文化自信，提高中华民族凝聚力，推动国家文化软实力、中华文化影响力的明显提升。

在社会建设领域，要以促进社会公平正义、增进人民福祉为出发点和落脚点不断深化社会体制改革，满足人民日益增长的美好生活需要。坚持发展为了人民、发展依靠人民、发展成果由人民共享，坚定不移走全体人民共同富裕道路。在坚持按劳分配为主体、多种分配方式并存的基本分配制度基础上，改革收入分配制度，使居民收入增长和经济增长基本同步，劳动报酬提高与劳动生产率提高基本同步。坚持和完善统筹城乡的民生保障制度，完善公共服务体系，推进基本公共服务均等化、可及化，健全多层次社会保障体系，坚持和完善共建共治共享的社会治理制度，确保人民安居乐业、社会安定有序。

在生态文明建设领域，要以促进人与自然和谐共生、建设美丽中国为目标，不断推动文化生态文明体制改革。必须践行绿水青山就是金山银山的理念，坚持节约资源和保护环境的基本国策，坚持节约优先、保护优先、自然恢复为主的方针，坚定走生产发展、生活富裕、生态良好的文明发展道路。要实行最严格的生态环境保护制度、全面建立资源高效利用制度、健全生态保护和修复制度、严明生态环境保护责任制度，使城乡人居环境明显改善，美丽中国建设成效显著，中华民族永续发展的千年大计落到实处。

在党的建设领域，要围绕提高党科学执政、民主执政、依法执政水平的要求，坚持和完善党的领导制度体系。必须明确中国共产党领导是中国特色社会主义最本质的特征，是中国特色社会主义制度的最大优势，党是最高政治领导力量，坚决维护党中央权威，健全总揽全局、协调各方的党的领导制度体系，把党的领导落实到国家治理各领域各方面各环节。要健全为人民执政、靠人民执政各项制度，健全提高党的执政能力和领导水平制度，完善全面从严治党制度。要坚持和完善党和国家监督体系，强化对权力运行的制约和监督，为中国共产党不断实现自我净化、自我完善、自我革新、自我提高提供坚实的制度保障。

（三）全面深化改革为实现中华民族伟大复兴提供了动力支持

100多年来，中国共产党团结带领中国人民进行的一切奋斗、一切牺牲、一切创造，归结起来就是一个主题：实现中华民族伟大复兴。100多年来，中国共产党团结带领中国人民，以"为有牺牲多壮志，敢教日月换新天"的大无畏气概，书写了中华民族几千年历史上最恢宏的史诗。中国共产党和中国人民以英勇顽强的奋斗向世界庄严宣告，中华民族迎来了从站起来、富起来到强起来的伟大飞跃，使中华民族伟大复兴进入了不可逆转的历史进程。过去100年，中国共产党向人民、向历史交出了一份优异的答卷。现在，中国共产党团结带领中国人民又踏上了实现第二个百年奋斗目标新的赶考之路。摆在全党全国各族人民面前的使命更光荣、任务更艰巨、挑战更严峻，必须深刻认识新征程上面临的风险挑战，必须进行捍卫中国共产党领导和中国社会主义制度的斗争。中国共产党领导是中国特色社会主义最本质的特征，是中国特色社会主义制度的最大优势，是党和国家的根本所在、命脉所在，是全国各族人民的利益所系、命运所系。

随着改革进入攻坚期和深水区，遇到的阻力越来越大，面对的暗礁、潜流、旋涡越来越多。发展中不平衡、不协调、不可持续的问题依然突出，重点领域关键环节改革任务依然艰巨，关系群众切身利益的问题依然较多，反腐败斗争依然需要付出巨大努力。必须以勇于自我革命的气魄、坚韧不拔的毅力全面深化改革，加强改革的系统性、整体性、协同性，敢于涉深水区、啃硬骨头，敢于面对深层次矛盾，下大力气调整深层次利益关系，坚决冲破思想观念束缚，坚决破除利益固化藩篱，坚决清除妨碍社会生产力发展的体制机制障碍。

中国特色社会主义制度和国家治理体系是以马克思主义为指导、植根中国大地、具有深厚中华文化根基、深得人民拥护的制度和治理体系，是具有强大生命力和巨大优越性的制度和治理体系。推进全面深化改革，就是要把我国制度优势更好地转化为国家治理效能，持续推动拥有14亿多人口的大国进步和发展、确保拥有5000多年文明史的中华民族实现"两个一百年"奋斗目标，为实现中华民族伟大复兴的中国梦提供有力保证。

二、全面深化改革总目标的科学内涵

党的十八届三中全会对全面深化改革进行了总体擘画，通过确定全面深化改革的总目标来统领各个领域改革，回答了"全面深化改革往什么方向走"这个根本性的问题，实现了改革理论和政策的一系列新的重大突破。深刻理解和准确把握这个总目标，理解其科学内涵，明确其基本特点、战略重点和实施着力点，是贯彻落实各项改革举措的关键。

（一）全面深化改革总目标的基本特点

第一，指明了全面深化改革的正确方向。"全面深化改革往什么方向走",是一个根本性问题。"问题的实质是改什么、不改什么"。全面深化改革的根本原则和方向是走中国特色社会主义道路,而不是走其他道路。中国特色社会主义制度之所以能永葆生机活力,一个重要原因是遵循了守正创新之道。方向决定道路,道路决定命运。面对历史和现实,改革开放以来,党的历次三中全会都以高度的历史清醒和政治自觉研究讨论改革开放问题,释放出走什么路、举什么旗的重要政治信号。党的十八届三中全会旗帜鲜明地提出,全面深化改革是发展中国特色社会主义的必由之路,是实现社会主义现代化的必由之路。作为一场深刻的革命和一项庞大的工程,全面深化改革困难之大前所未有、任务之重前所未有、阻力之多前所未有,简单地靠"拿来主义"容易犯颠覆性错误,而机械地依照"本本主义"又容易走向僵化。只有增强走中国特色社会主义道路的政治定力,才能开出全面深化改革良方,才能把准全面深化改革脉搏,不断赋予中国特色社会主义新的生机和活力,不断推进国家治理体系和治理能力现代化。当前要实现治理体系和治理能力的现代化,就是要为中国特色社会主义事业注入新的活力,就是要始终坚持马克思主义和中国特色社会主义理论体系的指导地位,走中国特色社会主义道路。这一道路是在长期实践中探索出来的,也是在与时俱进中不断完善的。它既符合中国国情和人民利益,又体现了人类文明进步和发展规律;它既有坚定不移的基本原则和基本制度,又有灵活多样的具体策略和方法;它既有自信自强的民族精神和文化底蕴,又有开放包容的世界眼光和国际视野;它既有科学合理的顶层设计和总体规划,又有勇于实践的创新精神和试点先行;它既有统筹协调的整体思维和系统观念,又有分类指导的差异化处理和分层推进;它既有坚持党的领导和人民当家作主的民主保障,又有依法治国和依法执政的法治保障。全面深化改革要坚持走这一正确方向,就要牢牢把握这一道路的内在逻辑和基本特征,就要不断丰富和发展这一道路的理论和实践,就要不断增强这一道路的自信和自觉,就要不断提高这一道路的效率和效果。全面深化改革要坚持走这一正确方向,就要紧紧围绕坚持和发展中国特色社会主义这一主题，就要紧紧聚焦解决制约发展的体制机制障碍这一目标，就要紧紧依靠人民群众的积极参与和支持这一动力，就要紧紧遵循改革发展稳定的总体平衡这一原则。全面深化改革要坚持走这一正确方向，就要在经济、政治、文化、社会、生态文明等各领域和各方面，推进国家治理体系和治理能力现代化，推进社会主义市场经济体制完善，推进社会主义民主政治制度化，推进社会主义先进文化繁荣兴盛，推进社会主义和谐社会建设，推进生态文明建设和美丽中国建设。全面深化改革要坚持走这一正确方向，就要在维护国家核心利益和国家安全的基础上，积极参与全球治理体系变革和建设，积极推动构建人类命运共同体，积极促进世界和平与发展。

第二，揭示了全面深化改革的内在规律。自党的十一届三中全会以来，中国共产党团结带领全党全国各族人民，深刻总结新中国成立以来正反两方面经验，不断探索中国建设社会主义的正确道路，持续推进实践创新、理论创新、制度创新，以巨大的政治勇气，锐意推进经济体制、政治体制、文化体制、社会体制、生态文明体制和党的建设制度改革，不断扩大开放，决心之大、变革之深、影响之广前所未有，成就举世瞩目，为全面深化改革提供了改革发展的重要经验，也形成了充满新的活力的体制。党的十八届三中全会通过的《中共中央关于全面深化改革若干重大问题的决定》在总结借鉴改革开放以来重要经验的基础上，立足于我国长期处于社会主义初级阶段这个最大实际，提出了坚持发展仍是解决我国所有问题的关键这个重大战略判断，深入思考和研究、广泛听取各方意见，洞穿事物的表象、把握社会的脉搏、回应人民的期待，深刻剖析了我国改革发展稳定面临的重大理论和实践问题，阐明了全面深化改革的重大意义和未来走向，揭示了全面深化改革进程中关乎全局、关乎长远的若干重大关系，最终提出了全面深化改革总目标。全面深化改革的内在规律，简言之就是坚持和完善中国特色社会主义制度这个根本制度，推进国家治理体系和治理能力现代化这个根本任务，以及围绕这两个根本而展开的各项具体改革。坚持和完善中国特色社会主义制度是全面深化改革的根本制度。中国特色社会主义制度是我们党领导人民进行长期艰苦探索、实践创新、理论创新、制度创新而形成的,是我们党领导人民进行改革开放以来的伟大实践的结晶,是我们党领导人民进行社会主义现代化建设的根本保障,是我们党领导人民实现中华民族伟大复兴的根本制度。中国特色社会主义制度是一个有机整体,包括经济、政治、文化、社会、生态文明等各方面的制度,以及党的建设制度。这些制度相互联系、相互支撑、相互协调,构成了一个完整的制度体系。坚持和完善中国特色社会主义制度,就是要坚持这个制度体系的基本性质和基本框架,不断完善这个制度体系的各方面和各环节,不断增强这个制度体系的科学性和有效性,不断提高这个制度体系的适应性和竞争力,使之更好地体现我国国情和人民意愿,更好地符合社会主义本质和发展规律,更好地适应时代发展和社会变革,更好地促进人民幸福和国家富强。推进国家治理体系和治理能力现代化是全面深化改革的根本任务。国家治理体系是指国家运行和管理社会的一整套组织形式、运行机制、管理方式和规范方法。国家治理能力是指国家运用治理体系进行有效治理的能力。国家治理体系和治理能力是一个统一整体,相互依存、相互作用。推进国家治理体系和治理能力现代化,就是要以马克思主义为指导,以中国特色社会主义为根本遵循,以习近平新时代中国特色社会主义思想为灵魂,以党中央决策部署为纲领,以改革创新为动力,在全面深化改革中不断完善国家运行和管理社会的各项制度规范、各项运行机制、各项管理方式、各项工作方法,不断提高国家运用治理体系进行有效治理的能力水平,在全面深化改革中不断解决我国改革发展稳定面临的各种问题和挑战,在全面深化改革中不断满足人民对美好生活的向往,在全面深化改革中不断推动中国特色社会主义事业取得更新更大的成就。围绕这两个根本而展开的各项具体改革是全面深化改革的内在规律。全面深化改革涉及经济、政治、文化、社会、生态文明等各个领域和各个方面的改革创新。这些改革创新都是在坚持和完善中国特色社会主义制度这个根

第二章
全面深化改革总目标的内容体系

本制度的基础上进行的，都是为了推进国家治理体系和治理能力现代化这个根本任务而进行的。这些改革创新都要遵循中国特色社会主义事业发展的内在规律和客观规律，都要符合我国社会主义初级阶段基本国情和人民群众基本利益，都要适应时代发展和社会变革的新要求和新挑战，都要促进我国社会主义现代化建设和中华民族伟大复兴的新进步和新贡献。这些改革创新都要坚持党的领导和人民当家作主相统一，都要坚持依法治国和依法执政相结合，都要坚持以人民为中心和以人为本相协调，都要坚持问题导向和目标导向相统一，都要坚持守正创新和顶层设计与摸着石头过河相结合，都要坚持改革发展稳定和全局性、战略性、前瞻性相协调，都要坚持全面深化改革与全面依法治国、全面从严治党相协调。这些改革创新都要以习近平新时代中国特色社会主义思想为指导，以党中央统一领导为保证，以改革创新为动力，在全面深化改革中不断解决问题、实现目标、推动发展。

第三，找准了全面深化改革的最大公约数。要推动全面深化改革走向成功，必须坚定信心，凝聚共识，统筹谋划，协同推进。改革任务越繁重，要啃的骨头越坚硬，就越要依靠人民群众的支持和参与，越要想方设法调动人民群众的积极性。要通过贯彻落实正确的改革措施带领人民前进，同时也要从人民的实践创造和发展要求中完善改革的政策主张。这就要求必须展开最广泛的调查研究，从人民群众最迫切的诉求和最恳切的建言之中寻找改革的最大公约数。全面深化改革总目标是最大公约数的集中凸显，明确了全面深化改革的聚焦点、着力点。我国国家制度和国家治理体系具有多方面的显著优势，其中之一就是坚持"全国一盘棋"、调动各方面积极性、集中力量办大事的显著优势。为将优势转化为胜势，必须坚持以人民为中心的发展思想，多抓根本性、全局性、制度性的重大改革举措，多抓有利于保持经济健康发展和社会大局稳定的改革举措，多抓有利于增强人民群众获得感、幸福感、安全感的改革举措，多抓对落实已出台改革方案的评估问效，使改革更加精准地对接发展所需、基层所盼、民心所向，更好地造福群众，坚定各方面深化改革的决心和信心。我们党在长期实践中不断总结经验教训，不断提高认识水平，不断完善理论体系，不断形成政策主张，不断推进制度建设，不断解决实际问题，不断满足人民需求，不断推动社会进步，不断实现国家发展。在全面深化改革中找到了一个符合我国国情、体现人民意志、适应时代潮流、促进国家利益、保障社会公平、实现民族复兴的最大公约数。这个最大公约数就是：完善和发展中国特色社会主义制度，推进国家治理体系和治理能力现代化。这个最大公约数是在对我国社会主义制度和国家治理体系进行深入分析和科学评价的基础上提出的，是对我国改革发展实践和规律性认识的高度概括和凝练，是对我国改革发展方向和目标的明确界定和指引。这个最大公约数既体现了我国改革发展取得的历史性成就和宝贵经验，又反映了我国改革发展的现实性需求和迫切任务，既体现了全面深化改革的内在规律，也为全面深化改革提供了科学的指导和有效的保障。

第四，坚持以人民为中心的基本立场。人民群众是历史的创造者，全面深化改革"要站在人民立场上把握和处理好涉及改革的重大问题"。党的十九大报告和党的二十大报告都强调，要坚持以人民为中心的发展思想。坚持一切为了人民，问政于民、问需于民，人民群众关心什么、盼望什么，全面深化改革就聚焦什么、推进什么，使民之所向成为政之所向。牢记为中国人民谋幸福的初心使命，这是全面深化改革的出发点和落脚点，确保全面深化改革不迷失、不偏航、不走样。根据人民群众的现实诉求及时对政策作出调整，充分激发蕴藏在人民群众中的创造伟力，听取人民群众意见，向人民群众请教，最大限度地发挥人民群众的聪明才智，从人民群众的发展和创造中获得前行动力。要将党的领导和发挥人民群众力量有机结合起来，不断推动全面深化改革向纵深发展。同时，让全面深化改革成果更多更公平地惠及人民群众，最大限度地体现公平性和公正性。人民群众是全面深化改革至高无上的评价主体，人民群众的满意度和获得感，是衡量党和国家全面深化改革得失成败的根本标准。要坚持把人民群

第二章
全面深化改革总目标的内容体系

众是否得到实惠、生活是否得到改善、权益是否得到保障作为检验全面深化改革成效的最终标准。以人民为中心的基本立场，是我们党始终不渝的政治立场和价值取向，是我们党在新时代坚持和发展中国特色社会主义的鲜明特征和优势所在。我们党之所以能够领导中国人民进行一场又一场伟大斗争、推进一项又一项伟大事业、实现一个又一个伟大梦想，就在于我们党始终与人民同呼吸、共命运、心连心，始终把人民放在心中最高位置，始终把满足人民对美好生活的向往作为奋斗目标。我们党之所以能够开启中国特色社会主义新时代、开辟社会主义现代化建设新征程、开创中华民族伟大复兴新局面，就在于我们党始终坚持以马克思主义为指导，始终坚持以习近平新时代中国特色社会主义思想为灵魂，始终坚持以人民为中心的发展思想为纲领。全面深化改革是一场触及国家治理体系和治理能力的根本性变革，是一场涉及党和国家各方面工作的全局性变革，是一场关乎人民群众切身利益和幸福感的实际性变革。全面深化改革的目的，就是要让人民群众在改革中有更多获得感、幸福感、安全感，就是要让人民群众在改革中享受更多公平正义、机会均等、社会保障，就是要让人民群众在改革中实现更多自身发展、社会进步、民族振兴。全面深化改革的动力，就是要发挥人民群众的主体作用和创造力，就是要激发人民群众的积极性和主动性，就是要满足人民群众的多样化和个性化需求。全面深化改革的导向，就是要坚持以人民为本、以人为本的理念，就是要坚持以人民利益为根本出发点和落脚点的原则，就是要坚持以人民满意度为最终评价标准的方法。以人民为中心的基本立场，是我们党全面深化改革的重要保障和强大支撑。全面深化改革是一场涉及各方利益格局调整的艰巨任务，是一场需要克服各种困难和风险的艰苦斗争，是一场需要广泛凝聚共识和力量的艰辛过程。全面深化改革的保障，就是要坚持党的领导和人民当家作主相统一，就是要坚持依法治国和依法执政相结合，就是要坚持党内民主和社会主义民主相协调。全面深化改革的支撑，就是要坚持以社会主义核心价值观为引领，就是要坚持以社会主义先进文化为滋养，就是要坚持以社会主义道德规范为遵循。全面深化改革的共识，就是要坚持以习近平新时代中国特色社会主义思想为指导，就是要坚持以党中央决策部署为遵循，就是要坚持以人民群众意愿为依据。坚持以人民为中心的基本立场，是我们党全面深化改革的鲜明特色和优势所在，也是我们党全面深化改革的根本动力和目标导向。要始终把人民放在心中最高位置，始终把满足人民对美好生活的向往作为奋斗目标，始终把增进人民福祉作为最终目的，始终把保障人民权益作为最高原则，始终把激发人民创造力作为最大动力，始终把提高人民满意度作为最终评价标准，在全面深化改革中不断增强人民群众获得感、幸福感、安全感，在全面深化改革中不断提高国家治理体系和治理能力现代化水平。

第五，坚持问题导向与目标导向相统一。社会主要矛盾的解决不能一蹴而就，"要坚持问题导向和目标导向"。一方面，问题是改革的缘起，即"改革是由问题倒逼而产生，又在不断解决问题中而深化"。坚持问题导向就是在全面深化改革中以解决问题为指引，在国际国内相互联系中、在改革发展实践中、在总结经验教训中发现问题，集中力量和资源化解工作中的突出矛盾和问题。另一方面，坚持目标导向要对全面深化改革目标有清晰的设定，以全面深化改革效果为靶心，以实现全面深化改革目标为逆向起始点，从未来目标中确定当前问题解决的优先次序和资源分配，倒推资源配置、时间统筹和工作安排，紧紧围绕既定目标开展实施。可以看出，坚持问题导向重点指向当下，问题是出发点；而坚持目标导向则侧重指向未来，目标是落脚点。两者之间不是彼此割裂、各自独立的，而是一个"目标－问题－办法"的逻辑关系，是推进全面深化改革的思维导图和方法路径。在全面深化改革中坚持问题导向，并非仅仅强调解决当下问题，也要预期取得什么样的目标效果；坚持结果导向，要考虑解决了哪些问题，是否达到了预期目标。两者相统一，既要在目标导向中推导出当前最需要解决的重点问题，又要在问题导向中明确达成什么样的结果，从而增强全面深化改革的精准度与机动性、方向感与计划性。全面深化改革是一

第二章 全面深化改革总目标的内容体系

项复杂的系统工程,涉及各个领域、各个层面、各个环节的改革创新。在这样一个庞大的系统工程中,如何把握好改革的方向和节奏、重点和难点、步骤和措施、效果和反馈,就需要我们运用科学的思维方式和工作方法,既要有高瞻远瞩的战略眼光和宏观把握能力,又要有脚踏实地的务实精神和微观执行力。坚持问题导向与目标导向相统一,就是要在全面深化改革中实现"顶层设计"与"摸着石头过河"的有机结合,"顶层设计"就是要根据全局性、战略性、前瞻性的目标设定好改革的总体框架和基本原则,"摸着石头过河"就是要根据具体情况、突出问题、群众需求制定好改革的具体方案和操作步骤。两者相辅相成、相互促进,在不断探索实践中完善改革的理论和方法,推动改革的深入和落地。全面深化改革是一项涉及各方利益关系调整的艰巨任务,是一场需要克服各种困难和风险的艰苦斗争,是一个需要广泛凝聚共识和力量的艰辛过程。在这样一个复杂多变的环境中,如何保证改革的正确方向和有效实施,如何避免改革的偏差和失误,如何协调改革的关系和矛盾,就需要我们坚持一些基本的原则和要求,既要有坚定不移的信心和决心,又要有科学合理的判断和分析。坚持问题导向与目标导向相统一,就是要在全面深化改革中实现"守正"与"创新"的有机统一。"守正"就是要坚持中国特色社会主义道路、理论、制度、文化的正确方向,"创新"就是要根据时代发展、社会变化、人民期待的新情况新问题,提出新思想新观点、制定新政策新措施、开辟新领域新空间。两者相互依存、相互促进,在不断创造历史中坚持真理,在不断探索真理中创造历史。要以习近平新时代中国特色社会主义思想为指导,以党的二十大精神为遵循,以党的十八届三中全会决定为纲领,以党中央统一领导为保证,以改革创新为动力。在全面深化改革中既要有问题意识,又要有目标意识;既要有现实关注,又要有未来展望;既要有战略定力,又要有战术灵活;既要有顶层设计,又要有摸着石头过河的实践精神;既要有守正精神,又要有创新能力。在全面深化改革中不断解决问题、实现目标、推动发展。

（二）全面深化改革总目标的战略重点

全面深化改革要坚持以经济体制改革为重点。我国仍处于并将长期处于社会主义初级阶段的基本国情，决定了经济建设是党长期的中心工作。坚持以经济建设为中心不动摇，必须坚持以经济体制改革为重点不动摇。推动经济体制改革，构建高水平社会主义市场经济体制，必须完整、准确、全面贯彻新发展理念，坚持社会主义市场经济改革方向。坚持社会主义市场经济改革方向，尤其要处理好政府和市场的关系这个核心问题。党的十八大提出"更大程度更广范围发挥市场在资源配置中的基础性作用"。党的十八届三中全会则明确提出"使市场在资源配置中起决定性作用和更好发挥政府作用"。这是党在理论和实践上又一重大突破，有利于在全党全社会树立政府和市场关系的正确观念，有利于转变经济发展方式，有利于转变政府职能，有利于抑制消极腐败现象。市场在资源配置中起决定性作用，并不是起全部作用。发展社会主义市场经济，既要发挥市场作用，也要发挥政府作用，但市场作用和政府作用的职能不同。党中央对更好发挥政府作用提出明确要求，强调"政府的职责和作用主要是保持宏观经济稳定，加强和优化公共服务，保障公平竞争，加强市场监管，维护市场秩序，推动可持续发展，促进共同富裕，弥补市场失灵"①。充分发挥市场在资源配置中的决定性作用，更好发挥政府作用要毫不动摇地巩固和发展公有制经济，毫不动摇地鼓励、支持、引导非公有制经济发展；要坚持按劳分配为主体、多种分配方式并存；要加快完善社会主义市场经济体制，建设高标准市场体系，完善公平竞争制度；要完善科技创新体制机制，构建社会主义市场经济条件下关键核心技术攻关新型举国体制，要建设更高水平开放型经济新体制。

坚持以经济体制改革为牵引带动其他领域的改革。"没有坚实的物质

---

① 《习近平关于全面深化改革论述摘编》，中央文献出版社2014年版，第57页。

技术基础，就不可能全面建成社会主义现代化强国。"① 经济体制改革对其他领域改革具有重要影响和传导作用，重大经济体制改革的进度决定着其他领域体制改革的进度，具有牵一发而动全身的作用。习近平总书记指出："在全面深化改革中，我们要坚持以经济体制改革为主轴，努力在重要领域和关键环节改革上取得新突破，以此牵引和带动其他领域改革，使各方面改革协同推进、形成合力，而不是各自为政、分散用力。"② 党的十八大以来，我们以经济体制改革为牵引，带动了政治、文化、社会、生态文明体制改革，党和国家机构改革、行政管理体制改革、依法治国体制改革、司法体制改革、外事体制改革、社会治理体制改革、生态环境督察体制改革、国家安全体制改革、国防和军队改革、党的领导和党的建设制度改革、纪检监察制度改革等一系列重大改革扎实推进，改革呈现全面发力、多点突破、蹄疾步稳、纵深推进的良好局面。

（三）全面深化改革总目标的实施着力点

全面深化改革是关系党和国家事业发展全局的重大战略部署，既不是某些领域的调整，也不是某些方面的修补，必须以顶层设计和整体谋划来统筹推进。党的十八大以来，以习近平同志为核心的党中央科学制定改革蓝图，精心拟定改革路线图，推动全面深化改革不断向纵深发展。

党的十八届三中全会明确指出，到2020年，在重要领域和关键环节改革上取得决定性成果，形成系统完备、科学规范、运行有效的制度体系，使各方面制度更加成熟更加定型。这充分表明，全面深化改革的最大特点之一是实事求是，积极稳妥，在2018年会议召开时，根据当时的经济社会发展状况，仅将全面深化改革的短期目标设置到2020年。同时，会议又强调，实践发展永无止境，解放思想永无止境，改革开放永无止

---

① 《中国共产党第二十次全国代表大会文件汇编》，人民出版社2020年版，第23页。
② 《习近平关于全面深化改革论述摘编》，中央文献出版社2014年版，第61页。

境。可见，全面深化改革有阶段性，也有长期性。明确到2020年的改革任务，就是讲阶段性。全面深化改革在2020年之后还将继续，并将与中国式现代化建设相始终，就是讲长期性。党的二十大报告将"基本实现国家治理体系和治理能力现代化"列为到2035年我国要实现的发展总体目标之一，再次彰显了这一特征。

全面深化改革的战略路线规划，就是在全面深化改革总目标统领下，做到党的十八届三中全会明确提出的"六个紧紧围绕"。一是紧紧围绕使市场在资源配置中起决定性作用来深化经济体制改革，坚持和完善基本经济制度，加快完善现代市场体系、宏观调控体系、开放型经济体系，加快转变经济发展方式，加快建设创新型国家，推动经济更有效率、更加公平、更可持续发展。二是紧紧围绕坚持党的领导、人民当家作主、依法治国有机统一来深化政治体制改革，加快推进社会主义民主政治制度化、规范化、程序化，建设社会主义法治国家，发展更加广泛、更加充分、更加健全的人民民主。三是紧紧围绕建设社会主义核心价值体系、社会主义文化强国来深化文化体制改革，加快完善文化管理体制和文化生产经营机制，建立健全现代公共文化服务体系、现代文化市场体系，推动社会主义文化大发展大繁荣。四是紧紧围绕更好保障和改善民生、促进社会公平正义来深化社会体制改革，改革收入分配制度，促进共同富裕，推进社会领域制度创新，推进基本公共服务均等化，加快形成科学有效的社会治理体制，确保社会既充满活力又和谐有序。五是紧紧围绕建设美丽中国来深化生态文明体制改革，加快建立生态文明制度，健全国土空间开发、资源节约利用、生态环境保护的体制机制，推动形成人与自然和谐发展现代化建设新格局。六是紧紧围绕提高科学执政、民主执政、依法执政水平来深化党的建设制度改革，加强民主集中制建设，完善党的领导体制和执政方式，保持党的先进性和纯洁性，为改革开放和社会主义现代化建设提供坚强政治保证。这份改革路线图，一方面明确了全面深化改革的主要内容，突出体现了改革的全面性；另一方面明确了经济、政治、文化、社会、生态、党的建设各领域改革的重点，使全面深化改革的顶层设计、优先顺序、重点领域、关键环节一目了然，有利于整体推进和重点突破相结合、相促进。

三、全面深化改革总目标实现的思想方法

党的二十大报告指出，新时代十年以来，我们以巨大的政治勇气全面深化改革，打响改革攻坚战，加强改革顶层设计，敢于突进深水区，敢于啃硬骨头，敢于涉险滩，敢于面对新矛盾新挑战，冲破思想观念束缚，突破利益固化藩篱，坚决破除各方面体制机制弊端，各领域基础性制度框架基本建立，许多领域实现历史性变革、系统性重塑、整体性重构，新一轮党和国家机构改革全面完成，中国特色社会主义制度更加成熟更加定型，国家治理体系和治理能力现代化水平明显提高。在新时代全面深化改革新的伟大历史征程中，如何进一步凝聚改革共识、如何确保改革事业沿着正确的方向胜利前进，不仅是重要的理论问题，更是关系到中国特色社会主义事业的重大现实问题。推动全面深化改革事业，必须坚持辩证唯物主义和历史唯物主义的世界观和方法论，正确处理改革发展稳定之间的辩证关系。坚持科学方法论的指导，是改革开放实践不断取得胜利的重要保障，是改革开放伟大实践所积累的宝贵经验和弥足珍贵的精神财富，必须倍加珍惜，长期坚持。习近平总书记在庆祝改革开放40周年大会上的讲话中明确提出了"四个坚持"，即"坚持加强党的领导和尊重人民首创精神相结合，坚持'摸着石头过河'和顶层设计相结合，坚持问题导向和目标导向相统一，坚持试点先行和全面推进相促进，既鼓励大胆试、大胆闯，又坚持实事求是、善作善成，确保了改革开放行稳致远"。这一重要论述为新时代全面深化改革运用科学方法、沿着正确方向胜利前行奠定了坚实的理论基础。全面深化改革越深入，任务越繁重，越需要坚持科学的方法论。正如习近平总书记所强调的，"改革开放是前无古人的崭新事业，必

须坚持正确的方法论"。① 中国特色社会主义进入新时代以来，以习近平同志为核心的党中央，深入把握全面深化改革的规律和特点，科学阐明全面深化改革的重大关联和辩证关系，就新时代全面深化改革采取什么样的方法论和怎样用好方法论等重大问题进行了科学论述，系统谋划新时代全面深化改革的有效方法和推进路径。新时代全面深化改革方法论层次分明、结构完整、逻辑严谨，是新时代全面深化改革的根本遵循和方法指南。

（一）坚持加强党的领导和尊重人民群众首创精神相结合

坚持守正创新是习近平新时代中国特色社会主义思想的重要世界观和方法论。党的二十大报告强调："我们从事的是前无古人的伟大事业，守正才能不迷失方向、不犯颠覆性错误，创新才能把握时代、引领时代。我们要以科学的态度对待科学、以真理的精神追求真理，坚持马克思主义基本原理不动摇，坚持党的全面领导不动摇，坚持中国特色社会主义不动摇，紧跟时代步伐，顺应实践发展，以满腔热忱对待一切新生事物，不断拓展认识的广度和深度，敢于说前人没有说过的新话，敢于干前人没有干过的事情，以新的理论指导新的实践。"

改革开放是中国共产党直面传统社会主义实践模式步入困境的情况下作出的伟大抉择，中国共产党通过掀起一次伟大的思想觉醒，催生了改革开放的伟大革命，并推动中国特色社会主义事业的伟大飞跃。在全面深化改革的新时期，必须毫不动摇地继续坚持加强党的领导，也必须始终将人民立场作为根本政治立场，把人民利益摆在至高无上的地位，处理好与尊重人民群众首创精神之间的辩证关系，将党的领导和发挥群众主体性作用有机统一于全面深化改革的伟大实践之中。

中国共产党是改革开放伟大事业的坚强领导者。正因为中国共产党完

---

① 《习近平谈治国理政》第一卷，外文出版社2018年版，第67页。

成了思想理论层面的自我革命与伟大觉醒，开启了中国改革开放伟大事业的序幕，才真正回答了"什么是社会主义、怎样建设社会主义"的时代之问与人民之问。改革开放是伟大的探索性实践，必将面临诸多挑战，历经艰难险阻。针对各方质疑，中国共产党需要始终保持巨大的政治定力，不走老路、邪路，在方向问题上，始终保持头脑清醒，坚持改革开放伟大事业的社会主义属性，把准改革开放这艘巨轮的历史航向，树立"有所改""有所不改"的科学改革观，不断推动改革开放与中国特色社会主义事业沿着正确的方向深入发展。所谓"有所改""有所不改"的科学改革观，特指全面深化改革总目标是完善和发展中国特色社会主义制度、推进国家治理体系和治理能力现代化，"该改的、能改的我们坚决改，不该改的、不能改的坚决不改"。所谓"该改的、能改的"主要是指影响当前经济社会发展的机制和体制问题；所谓"不该改的、不能改的"则主要是指涉及中国特色社会主义的根本属性问题。没有中国共产党就不可能有改革开放，没有中国共产党的坚强领导就不可能有改革开放的深入发展。在全面深化改革新的历史条件下，党领导改革开放事业面临前所未有的诸多新情况与新挑战，必须着力加强和改善党的领导能力与领导水平。

从历史唯物主义的角度来看，人民群众是实践的主体、是历史的创造者。改革开放的伟大事业是党领导全国人民付出巨大努力才取得的伟大成就，人民群众是全面深化改革的实践主体、评价主体、目标主体。人民群众的参与，是改革取得成功的强大倚仗；人民群众的肯定，是找准改革抓手的指向标；人民群众的美好生活，是改革成效的最终体现。坚持党的领导与尊重群众首创精神之间并不矛盾，二者有机统一于改革开放的伟大实践之中。习近平总书记在庆祝改革开放40周年大会上的讲话中指出："既通过提出并贯彻正确的理论和路线方针政策带领人民前进，又从人民实践创造和发展要求中获得前进动力，让人民共享改革开放成果，激励人民更加自觉地投身改革开放和社会主义现代化建设事业。"在当前历史条件下，必须高度尊重人民群众的首创精神，团结最广大人民群众以凝聚最广泛的改革共识。

（二）坚持"摸着石头过河"和顶层设计相结合

改革开放是对经典马克思主义理论设想作出的重大突破性发展，内在决定了探索的初始性与艰巨性。在很大程度上，改革开放初期因为没有现成可供直接使用的经典结论或现成经验，只能是以敢想敢闯敢干的"摸着石头过河"的方式加以推进。经过40多年实践经验的积累，当前我们对于改革开放和社会主义建设规律的认识，已经达到了一个前所未有的新高度。基于丰富实践经验的积累和对客观规律的把握，全面深化改革加强了顶层设计和整体谋划，更加关注各项改革的关联性、系统性、可行性。

改革开放是前无古人的伟大探索性实践，"摸着石头过河"是其重要特征，既不可能从马克思主义的经典作品中找到可供直接使用的答案，也不能从他国的实践中照搬可以直接使用的现成经验。习近平总书记指出："在中国这样一个有着5000多年文明史、13亿多人口的大国推进改革发展，没有可以奉为金科玉律的教科书，也没有可以对中国人民颐指气使的教师爷。"[①] 中国共产党带领中国人民以巨大的政治气魄与理论勇气开启改革开放新的实践，没有任何提前设计好的理论框架或概念体系可供直接使用，诸多改革都是以"摸着石头过河"的方式展开。在这一过程中，中国共产党深化了关于社会主义建设规律的认识与把握，丰富、完善了关于社会主义制度的思考与设计，找到了一条符合中国实际的社会主义建设道路。"摸着石头过河"是在特定历史时期，因主客观条件的限制不得不采取的一种探索性实践方式，它深刻彰显了中国共产党领导改革开放的无畏精神与政治智慧，深刻凸显了解放思想、敢为人先与实事求是相统一的豪迈气魄。

---

① 习近平：《在庆祝改革开放40周年大会上的讲话》，人民出版社2018年版，第27页。

第二章
全面深化改革总目标的内容体系

顶层设计是谋划改革的重要方法，也是坚持系统观念的要求。经过改革开放40多年伟大实践的积淀与发展，中国特色社会主义已经步入新时代，这是我国发展新的历史方位。我国"正在经历广泛而深刻的社会变革，推进改革发展、调整利益关系往往牵一发而动全身"。① "新时代坚持和发展什么样的中国特色社会主义、怎样坚持和发展中国特色社会主义"成为全新时代课题。全面深化改革的推进，表明"摸着石头过河"的分散性、局部性、阶段性的特征已经被突破，加强各项改革关联性、系统性、可行性研究的要求更高，必须加强全局谋划。顶层设计强调将全面深化改革看作一项复杂的系统工程，更加注重改革的统筹考虑、全面论证与科学决策，强调各个领域改革的相互协同和配合。习近平总书记指出，"所谓顶层设计，就是要对经济体制、政治体制、文化体制、社会体制、生态体制作出统筹设计"。② 其关键在于为全面深化改革谋划好总体思路、总体原则，制定好一揽子改革方案，明确改革的时间表、路线图。

全面深化改革需要"摸着石头过河"与顶层设计的有机统一。改革永无止境，全面深化改革的过程中必然面对更多新问题、新矛盾，只有以发展的眼光对待动态的实践，才能不断深入认识社会主义建设规律。习近平总书记指出："我国社会主义还处在初级阶段，我们还面临很多没有弄清楚的问题和待解的难题，对许多重大问题的认识和处理都还处在不断深化的过程之中，这一点也不容置疑。"③ 全面深化改革，一方面需要以"摸着石头过河"的精神直面现实不断出现的新问题，坚持通过不断改革的方式来解决实践中出现的新问题；另一方面新时代"摸着石头过河"的实践探索，是基于中国特色社会主义建设顶层设计之上的探索，是在整体布局思想指导下的探索。全面深化改革背景下，强调改革的顶层设计，并非不要"摸着石头过河"，现有的经验与理论准备都不可能完全满足诸多领域

---

① 《中国共产党第二十次全国代表大会文件汇编》，人民出版社2022年版，第17页。
② 《习近平关于全面深化改革论述摘编》，中央文献出版社2014年版，第32页。
③ 习近平：《关于坚持和发展中国特色社会主义的几个问题》，《求是》2019年第7期。

改革的需求，仍必须以小心谨慎、稳步向前的方式加以推进，通过不断摸索、不断积累经验进而上升到系统化、理论化的认识高度；强调"摸着石头过河"也并非排斥顶层设计，在探索之初也应注重宏观层面的思考，注重探索中可能出现的系列问题并做好规避措施，要有向前展望、超前思维和提前谋局的自觉意识。

（三）坚持问题导向和目标导向相统一

问题是矛盾的集中表现形式，改革的根本目的就是直面矛盾、解决问题。改革开放事业由问题倒逼而起步，在不断求解中国特色社会主义发展所面临系列问题的过程中纵深发展。"问题是时代的声音，回答并指导解决问题是理论的根本任务。今天我们所面临问题的复杂程度、解决问题的艰巨程度明显加大，给理论创新提出了全新要求。"[①] 坚持问题导向需要在特定目标的指引下加以推进，以现实目标为方向引导问题的解决，做到问题导向与目标导向的有机统一。

改革开放本身就是由问题倒逼而产生的，也是在不断求解问题中发展的。基于对党和国家前途命运的深刻把握、基于对社会主义革命和建设实践的深刻总结、基于对时代潮流的深刻洞察、基于对人民群众期盼和需要的深刻体悟，中国共产党以巨大的政治勇气与理论担当精神开启了当代中国改革开放的伟大序幕。改革开放不是漫无目的的探索与实践，而是直面现实问题的、富有针对性的实践活动，在不断求解问题中发展。现实实践过程中出现什么样的问题，改革的触角与目光就相应地聚焦到这一问题上。问题是创新的起点，只有在不断面对问题、思考问题、分析问题、求解问题的过程中，才能不断推动实践创新，并进而在此基础上不断推动理论创新。应当以问题意识为向导，即着力求解全面深化改革实践过程中出现的现实问题，而不应当停留于从书本到书本、从概念到概念的逻辑演

---

① 《中国共产党第二十次全国代表大会文件汇编》，人民出版社2022年版，第17页。

绎；应当从全面深化改革的具体实践中寻找问题、发现问题、解释问题、解决问题。正如习近平总书记在哲学社会科学工作座谈会上的讲话中所言："只有聆听时代的声音，回应时代的呼唤，认真研究解决重大而紧迫的问题，才能真正把握住历史脉络、找到发展规律，推动理论创新。"

坚持问题导向需要以目标导向为支撑。坚持问题导向，并不是意味着将疲于追逐问题，进而陷入问题主义与事务主义的误区。坚持问题导向，需要提高科学分析问题、把握问题与驾驭问题的能力，需要在纷繁复杂的多元问题中把住中心问题、关键问题，必须以目标导向为支撑。所谓目标导向，就是要将全面深化改革中所面临的具体问题，都统一到围绕完善和发展中国特色社会主义制度、推进国家治理体系和治理能力现代化的总目标之中，用这一总目标来统筹求解全面深化改革中所面临的系列问题。坚持目标导向，就是要在复杂的社会矛盾中，始终把握住现阶段我国社会发展的主要矛盾——人民日益增长的美好生活需要和不平衡不充分的发展之间的矛盾。树立在目标导向支撑下的问题导向原则，深刻反映了马克思主义辩证法中的"重点论"思想。习近平总书记在十八届中央政治局第二十次集体学习时的讲话中强调，我们既要注重总体谋划，又要注重牵住"牛鼻子"。在任何工作中，既要讲两点论，又要讲重点论，没有主次，不加区别，眉毛胡子一把抓，是做不好工作的。

（四）坚持增强改革的系统性、整体性和协同性

社会结构的本质特征是增强改革系统性、整体性和协同性的主要依据之一。社会结构是人与人、人与自然之间的社会关系。社会结构具有系统性，反映了与生产力发展到一定阶段相适应的不同的生产关系。社会结构具有整体性，是由经济结构、政治结构和文化结构等相互联系的个体和部分组成的有机整体。社会结构具有协同性，各组成部分和构成要素之间相互依存、相互作用，处于不断调整并适应变化的过程中。全面深化改革，往往牵一发而动全身，社会结构性矛盾成为全面深化改革需要解决的重要

问题。增强改革的系统性，不仅要考虑改革自身的特殊性，也要考虑与其他改革的关联和耦合。要增强改革的整体性，强化统揽全局的整体思维，将各领域各环节的具体改革置于总体部署之中，全面统筹推进改革。要增强改革的协同性，重视各项改革之间的配合和促进，在改革方案、改革落实和改革成效上，实现相得益彰。可见，增强改革的系统性和整体性会为增强改革的协同性提供可能并打下基础，同时，增强改革的协同性又统摄着改革的整体性和系统性。只有增强改革的系统性、整体性、协同性，才能使改革目标更加明确，改革举措更加务实，改革思路更加科学。

增强改革的系统性、整体性和协同性是全面深化改革必须遵循的基本原则之一。这一原则既是对中国特色社会主义制度建设规律的深刻把握，也是对中国特色社会主义现代化建设实践的科学总结。在中国共产党领导下进行全面深化改革，就必须坚持以马克思主义为指导，坚持以人民为中心，坚持以发展为第一要务，坚持以完善和发展中国特色社会主义制度为目标，坚持以推进国家治理体系和治理能力现代化为重点，坚持以解放和发展社会生产力为根本任务，坚持以保障和促进人民福祉为出发点和落脚点。这些基本方针政策都是从中国特色社会主义制度建设规律出发制定的，并且都需要在全面深化改革中得到贯彻落实。因此，在全面深化改革中必须增强系统观念、整体观念和协调观念，把握各项改革之间的内在联系与相互影响，并在实践中不断完善和优化改革方案，形成改革的合力，推动改革的深入。

增强改革的系统性、整体性和协同性是全面深化改革的重要保障和有效手段。在全面深化改革中，要坚持问题导向，把握改革的重点、难点和痛点，有针对性地制定和实施改革方案。同时，要坚持目标导向，把握改革的方向、路径和步骤，有计划地推进和落实改革举措。在这个过程中，要充分发挥党的领导作用，统筹协调各方面力量，形成工作合力。要充分发挥人民群众主体作用，广泛听取各方面意见，形成社会共识。要充分发挥法治保障作用，完善相关法律法规，形成制度约束。要充分发挥监督评估作用，及时总结改革经验，形成反馈机制。通过这些方式方法，增强改革的系统性、整体性和协同性，使改革能够顺利进行、有效实施、持续推进。

增强改革的系统性、整体性和协同性是全面深化改革的必然要求和客观趋势。随着社会主义市场经济体制的不断完善和社会主义民主政治制度的不断发展，中国特色社会主义制度建设进入了新阶段。在这个阶段上，各项改革都是相互关联、相互影响、相互促进的。任何一项改革都不能孤立地进行，都必须与其他改革相协调、相配合。同时，在这个阶段，各项改革都是具有全局性、战略性、前瞻性的。任何一项改革都不能局限于眼前利益，都必须从长远利益出发，从战略高度谋划推进。因此，在这个阶段上，增强改革的系统性、整体性和协同性是全面深化改革的必然要求和客观趋势。

总之，增强改革的系统性、整体性和协同性是全面深化改革的思想方法，体现了中国共产党对中国特色社会主义制度建设规律的深刻认识和科学把握，并为全面深化改革提供了重要指导。要以习近平新时代中国特色社会主义思想为指导，在全面深化改革中坚持增强系统观念、整体观念和协调观念，不断完善和发展中国特色社会主义制度，不断推进国家治理体系和治理能力现代化，为实现中华民族伟大复兴的中国梦提供有力保障。

（五）坚持试点先行和全面推进相促进

中国改革开放事业的探索性、中国现实实际情况的复杂性，决定了改革开放不可能采取平面化、均等化的方式加以推进。一些地区、一些部门在综合考虑自身的特殊实际情况下，可以采取试点先行的方式。鼓励大胆试点、在试点基础上全面推进，构成了改革开放探索性实践的重要经验。

中国改革开放事业的起步与发展，带有重要的探索性与创新性特征，其中试点先行是一个重要的理论与实践特色。之所以采取试点先行的方针，主要是由中国改革开放实践的特殊性所决定的。一是因为中国改革开放既无现成可供直接使用的本本,也无现成可供直接运用的经验;二是因为中国社会主义初级阶段的基本国情,决定了中国的改革开放必须采取符合中国实际的探索性实践;三是因为中国地域辽阔加之实际发展状况的相对不平衡性,一套方法不可能适用于所有地区。在上述多元复杂因素的影响下,中国的改革开放采取了试点先行的方针。从农村改革中家庭联产承包责任制的试点先行,到城市改革中的经济特区试点先行,都充分彰显了中国共产党在领导改革开放伟大实践中的大无畏探索精神和稳步慎重的科学精神。全面推进是在充分总结试点经验上的必然结果。人的认识规律呈现出从感性认识到理性认识、从认识到实践再到认识的辩证螺旋式上升过程。只有经过先行试点,才能取得感性认识和初步经验,再逐步形成较为系统、全面和科学的理性认识和经验总结,经过试点及实践的进一步检验,最终获得较为科学的认识。正是不断经过"先行试点—认识规律—实践检验—全面推进"的过程,中国共产党才能不断深化对社会主义建设规律的认识与把握,才能不断开辟改革开放与中国特色社会主义现代化建设事业的新局面。

坚持试点先行与全面推进相结合是中国共产党高超政治智慧与治理艺术的集中体现。试点先行与全面推进处于辩证统一的关系之中,二者不可偏废一方。一方面,只有单纯试点先行而不全面推进,那么实践中所获得的鲜活经验就仅仅是孤立的、局部的、有限的经验,不能指导推进整体层面的改革开放事业;另一方面,仅有全面推进而无试点先行,这种政策或措施更多的可能是缺乏现实实践支撑的空泛设想,因而可能难以从总体上切合全面深化改革的现实需要。坚持试点先行与全面推进相结合,从根本上关系正确处理改革、发展与稳定的关系问题。在全面深化改革的伟大历史征程中,既要鼓励结合本地具体实际的试点先行,鼓励大胆闯、大胆试,又要积极稳妥、蹄疾步稳,充分考虑改革开放的整体实际,充分考虑个别经验与整体实践契合的可能性问题,充分考虑改革发展与稳定之间的辩证关系,确保改革开放行稳致远。

改革开放以来,中国共产党以全新的视角治国理政,高度重视制度建设,强调制度问题更带有根本性、全局性、稳定性和长期性。以习近平同志为核心的党中央,提出全面深化改革总目标,回应了改革进程向前拓展的客观要求,体现了党对改革认识的深化和系统化,是党的理论在创新进程中一个重大突破。

　　要深刻理解和准确把握全面深化改革的总目标是贯彻落实各项改革举措的关键,而所谓深刻与准确,即追本溯源,对全面深化改革总目标确立的现实背景、历史逻辑以及方法论依据有明确的认识。首先,应明确全面深化改革总目标确立的现实背景。2019年9月20日,习近平总书记在中央政协工作会议暨庆祝中国人民政治协商会议成立70周年大会上的讲话中指出:"当今世界正在经历百年未有之大变局,实现中华民族伟大复兴正处于关键时期。"阐明了全面深化改革总目标确立的国际和国内两大现实背景。其次,应明确全面深化改革总目标确立的历史逻辑。改革开放40多年来,中国共产党和中国人民以英勇顽强的奋斗向世界庄严宣告,改革开放是决定当代中国前途命运的关键一招,中国特色社会主义道路是指引中国发展繁荣的正确道路,中国大踏步赶上了时代。最后,应当明确全面深化改革总目标的提出,体现了辩证唯物主义与历史唯物主义的哲学精髓,其中蕴含的科学方法论具有重要的实践价值。

第三章 坚持和完善中国特色社会主义制度

当前，世界百年未有之大变局加速演进，中国特色社会主义发展进入"历史交汇期"，面临新的机遇和挑战。在这一时代背景下，以习近平同志为核心的党中央立足于国情实际，顺应时代潮流，不断攻坚克难、总结经验，着力推动中国特色社会主义制度的完善和发展。党的十九届四中全会通过的《决定》，是实现"两个一百年"奋斗目标的重大任务，是把新时代改革开放推向前进的根本要求，是应对风险挑战、赢得主动的有力保证。

一、坚定制度自信彰显中国之治的显著优势

中国特色社会主义制度是党和人民在长期实践探索中形成的科学制度体系，是以马克思主义为指导、植根于中国大地、具有深厚中华文化根基、深得人民拥护的制度，具有强大生命力和巨大优越性。其中所蕴含的国家治理思想与理论不断地丰富与发展，使中国特色社会主义理论体系成为我国推进国家治理的理论基础。制度自信是对中国特色社会主义制度实践与理论的坚定信仰、信念与信心，是心理认可、思想认同和行为拥护，必须强化对其内在规律地认识和把握。中国特色社会主义制度自信，就是广大人民发自内心地认为和相信中国特色社会主义制度是最适合中国国情，是拥有强大的政治优势、理论优势、制度优势、文化优势的社会制度的积极情感和稳定心理。在当前历史条件与时代背景下，坚定中国特色社

会主义制度自信，把我国制度优势更好地转化为国家治理效能，将为全面建设社会主义现代化国家、向第二个百年奋斗目标进军提供根本制度保障。

（一）坚定中国特色社会主义制度自信的历史底蕴

中国特色社会主义制度不仅建立在科学的理论之上，还深深扎根于肥沃的历史文化之中。"一个国家选择什么样的治理体系，是由这个国家的历史传承、文化传统、经济社会发展水平决定的，是由这个国家的人民决定的。"① 当代中国的国家制度和治理体系具有深厚的中华优秀传统文化根基和历史底蕴，包含着丰富的优秀传统社会治理思想根源。2023年6月2日，习近平总书记在文化传承发展座谈会上的重要讲话中强调，在新的历史起点上继续推动文化繁荣、建设文化强国、建设中华民族现代文明，要坚定文化自信，坚持走自己的路，实现精神上的独立自主。

中国特色社会主义制度传承和发展了古代大同社会理想。在几千年的历史演进中，中华民族创造了灿烂的古代文明，形成了关于国家制度和国家治理的丰富思想，包括大道之行、天下为公的大同社会理想，六合同风、四海一家的大一统传统，德主刑辅、以德化人的德治主张，民贵君轻、政在养民的民本思想，法不阿贵、绳不挠曲的正义追求，孝悌忠信、礼义廉耻的道德操守，任人唯贤、选贤与能的用人标准，周虽旧邦、其命维新的改革精神，亲仁善邻、协和万邦的外交之道，以和为贵、好战必亡的和平理念等。中国共产党人将"天下为公"的大同社会理想进行创造性地改造和提升，作为远大理想和共同理想的思想因子，熔铸于新型国家制度和治理体系当中。

中国特色社会主义制度传承和发展了古代优秀的民本思想。《尚书·夏书·五子之歌》即载有"民可近，不可下，民惟邦本，本固邦宁"的

---

① 《习近平谈治国理政》第一卷，外文出版社2018年版，第105页。

古训。《管子》提出"政之所兴在顺民心,政之所废在逆民心""是以善为国者,必先富民,然后治之"。《孟子》提出"民为本、社稷次之、君为轻"的思想。唐代柳宗元提出的"吏为民役"观点可以说是人民公仆思想的早期表达形式。宋代朱熹说:"天下之务莫大于恤民,而恤民之本,在人君正心术以立纲纪。"中国共产党人批判继承了中华优秀传统文化中民本思想的合理性内容,创造性地提出了全心全意为人民服务的根本宗旨、以人民为中心的发展思想、人民主体地位的首要原则、人民至上的执政理念,把这些创造性的理论观点以人民当家作主的新型国家制度巩固下来,并把这些显著优势转化为强大的治理效能,使源远流长的民本思想在当代中国发展进步中显示出时代性价值。

(二)坚定中国特色社会主义制度自信的理论依据

首先,中国特色社会主义制度以马克思主义为指导,坚持了马克思主义的科学原理。马克思、恩格斯从社会物质生产方式出发,分析批判了资本主义制度下工人阶级被剥削的秘密,深刻揭示了人类社会发展的一般规律和资本主义的历史暂时性。中国共产党团结带领中国人民推翻帝国主义、封建主义和官僚资本主义的反动统治,建立了新中国,走上了社会主义道路,建立了社会主义制度,实现了站起来的伟大飞跃。创造性地运用马克思主义国家学说,在不断探索和实践中建立起保证亿万人民当家作主的全新国家制度和国家治理体系。具体来讲,中国特色社会主义制度自信源自马克思科学社会主义的理论逻辑,体现着中国共产党人对马克思主义国家学说的坚持与发展。第一,中国特色社会主义制度就是符合人类社会发展规律的制度设计,它以遵循人类社会发展趋势为思想前提,以实践科学社会主义为现实依据,是由历史必然性要素综合叠加所构成的必然结果。科学社会主义是中国特色社会主义制度设计和实践的理论前提,是坚定制度自信的理论依据。科学社会主义以历史唯物主义为理论基点,阐释了人类历史演进的客观规律性。任何一个国家的制度选择和制度设计都具有客观性、必然性，这种客观性和必然性源于制度选择和制度设计所遵循的规律性。任何制度都是历史的产物，是否把握了历史发展的规律直接制约制度建设的成败，也直接影响制度自信的成效。科学社会主义是马克思、恩格斯基于对"历史规律"的把握所得出的科学理论成果，它揭示了人类社会关系的总根源，并以现实的个人的吃喝住穿为历史事实和线索塑造了人类社会的存在方式和预测了人类社会的发展趋势。第二，科学社会主义以"人的逻辑"替代"资本逻辑"，旨在建立以维护绝大多数人的利益为目的的"自由人联合体"。制度不能脱离人的关系而存在，制度的生命力在于协调保障维护人的利益要求，以达到社会各方利益的平衡和良性互动。好的制度必然是以"人的逻辑"为出发点来调和社会关系的，而这样的制度恰恰是人们高度认同和充满自信的。马克思主义整个思想理论的主题和主线都是围绕"人的逻辑"而展开的。马克思、恩格斯首先运用历史尺度揭示"商品拜物教"以及资本逻辑出现的历史必然性，认为资本逻辑一方面能推动社会生产力的发展，另一方面其"吃人"的本性把人当作价值增值的手段，使"物的世界的增值同人的世界的贬值成正比"[①]。在此基础上运用价值尺度揭示了超越"物的依赖"而走向"人的全面发展"的必然性和可能性，强调只有在真正的共同体的条件下，每个人才能在自己的联合中并通过这种联合获得自己的自由。科学社会主义就是以人的逻辑替代资本逻辑并真正解决人的命运问题的"现实的运动"，它是超越了少数人而"为绝大多数人谋利益的独立的运动"，因而能够赢得人民群众的拥护和信任。这种遵循人的逻辑的理论必然能够掌握群众，而以人的逻辑建构的制度也必然能够赢得人民的确信。第三，科学社会主义的总问题在于"使现存世界革命化"，并使社会主义理论"置于现实的基础之上"，制度自信在现实上就是实践导向的自信。马克思、恩格斯终其一生在"批判旧世界中发现新世界"，他们以历史事实来揭示未来社会的发展方向以

[①] 周嘉昕：《〈1844年经济学哲学手稿〉导读》，江苏人民出版社2019年版，第4页。

及制度变革的经济动因。任何一种理论和制度的科学性必然要经得起实践的检验，科学社会主义作为一种理论的方案，"需要通过实际经验的大量积累才臻于完善"，中国特色社会主义事业的实践成果都在不断地使社会主义制度更加完善，更符合人民的利益和愿望，使社会主体更加有信心推动制度实践的发展。因此，制度自信不仅是主观的心理自信，更是基于实践的理性自信，只有基于实践检验而获得的制度自信才是最根本、更持久的自信。

其次，中国特色社会主义制度创造性地运用马克思主义推进了马克思主义的中国化时代化。在新民主主义革命时期，毛泽东同志结合中国革命的实际，提出了走"农村包围城市，武装夺取政权"的道路，取得了新民主主义革命的胜利，形成了毛泽东思想，实现了马克思主义中国化的第一次历史性飞跃。改革开放和社会主义现代化建设新时期，以邓小平为主要代表的中国共产党人从社会主义初级阶段的实际出发，坚持马克思主义道路，并结合中国实践大胆创新，形成中国特色社会主义基本理论，实现了马克思主义中国化的第二次历史性飞跃。进入新时代，以习近平同志为主要代表的中国共产党人更是坚持把马克思主义基本原理同中国具体实际相结合，创立了习近平新时代中国特色社会主义思想，丰富了中国特色社会主义理论体系，实现了马克思主义中国化新的飞跃。中国特色社会主义制度从本质上说既坚持了科学社会主义一般原则，具有科学性和普遍性，又结合了本国具体实际，具有时代性和特殊性，是二者相结合的产物，是符合中国国情的制度。

（三）坚定中国特色社会主义制度自信的实践基础

新中国成立 70 多年来，中国共产党领导人民创造了世所罕见的发展奇迹。一是经济快速发展奇迹。中国大踏步赶上时代，用几十年时间走完了发达国家几百年走过的工业化进程，综合国力、科技实力、国防实力、文化影响力、国际影响力显著提升，人民生活显著改善。2010 年中国就已经超越日本成为世界第二大经济体，经济结构变革、发展的协调性和可持续性明显提高。国内生产总值（GDP）从1978年的0.36万亿元到2020年突破100万亿元。2021年7月1日习近平总书记庄严地向世界宣告，经过全党全国各族人民持续奋斗，我们实现了第一个百年奋斗目标，在中华大地上全面建成了小康社会，历史性地解决了绝对贫困问题，正在意气风发向着全面建成社会主义现代化强国的第二个百年奋斗目标迈进。[①]二是社会长期稳定的奇迹。我国长期保持社会和谐稳定、人民安居乐业，成为国际社会公认的最有安全感的国家之一。新中国成立以来，既经历了巨大的经济社会变迁，也经受了重大考验，例如抗美援朝战争、1997年亚洲金融危机、1998年特大洪灾、2003年非典重大疫情、2008年四川汶川特大地震和国际金融危机等考验。在党中央的坚强领导下，依靠全国各族人民共同努力奋斗，党和国家不但胜利渡过了一系列难关，而且有力巩固了人民政权、持续保持了国家政治和社会大局稳定，并取得革命、建设、改革的一系列重大成就。

从世界范围来看，一个国家和社会在一定时期内经济快速发展、社会保持稳定并不少见，但像中国这样在长时间跨度内经济快速发展、社会保持稳定的情况世所罕见，原因是多方面的，条件也是多方面的。制度问题是带有根本性、全局性、稳定性、长期性的问题，从更深层次来讲，两大奇迹的创造，是历史的必然也是制度的必然。中国特色社会主义制度和国家治理体系是马克思主义基本原理同中国具体实际相结合的产物，是中国共产党团结带领全国各族人民深刻总结国内外正反两方面经验，不断探索实践、不断改革创新的产物。实践证明，中国特色社会主义制度和国家治理体系是能够持续推动拥有14亿多人口大国进步和发展、确保拥有5000多年文明史的中华民族实现"两个一百年"奋斗目标进而实现伟大复兴的

---

① 习近平：《在庆祝中国共产党成立100周年大会上的讲话》，人民出版社2021年版，第2页。

制度和治理体系。党的十九届四中全会通过的《决定》将我国国家制度和国家治理体系所具有的显著优势归纳为13个方面。即坚持党的集中统一领导，坚持党的科学理论，保持政治稳定，确保社会主义前进方向；坚持人民当家作主，发展人民民主，密切联系群众，紧紧依靠人民推动国家发展；坚持全面依法治国，建设社会主义法治国家，保障社会公平正义和人民权利；坚持全国一盘棋，调动各方面积极性，集中力量办大事；坚持各民族一律平等，铸牢中华民族共同体意识，实现共同团结奋斗、共同繁荣发展；坚持公有制为主体、多种所有制经济共同发展，按劳分配为主体、多种分配方式并存，社会主义制度和市场经济有机结合，不断解放和发展生产力；坚持以人民为中心的发展思想，不断保障和改善民生、增进人民福祉，走共同富裕道路；坚持改革创新、与时俱进，善于自我完善、自我发展，使社会始终充满生机活力；等等。这13个方面的显著优势从坚持党的领导、人民当家作主、全面依法治国有机统一切入，从改革发展稳定、内政外交国防、治党治国治军等方面展开，是中国之政治制度密码所在，是我们坚定中国特色社会主义道路自信、理论自信、制度自信、文化自信的基本依据。也正是由于具备13个方面的显著优势，我国国家制度和国家治理体系是一套行得通、真管用、有效率的制度和治理体系，世所罕见的经济快速发展奇迹和社会长期稳定奇迹的创造才是一种必然。

二、中国特色社会主义制度的实践经验

中国特色社会主义制度是中国共产党将马克思主义基本原理同中国具体实际相结合的产物。理论与实践的有效结合需要不断地磨合调整，需要实现从不完善到完善的深刻变革，这必然是个长期过程。中国特色社会主义制度是党和人民在长期实践探索中形成的科学制度体系，是前无古人的一项伟大的制度创举，是党中央和人民经过长期的实践探索、经历万般苦难得来的，"不是简单延续我国历史文化的母版，不是简单套用马克思主

义经典作家设想的模板,不是其他社会主义国家实践的再版,也不是国外现代化发展的翻版"。① 这样的一个新制度的完善和发展,没有模板可以借鉴,需要较长时间的理论创新和实践探索才能够走向完善。党的十九大报告指出,中国特色社会主义进入新时代,我国社会主要矛盾已经转化为人民日益增长的美好生活需要和不平衡不充分的发展之间的矛盾。在全面建成小康社会、实现第一个百年奋斗目标之后,我国正开启全面建设社会主义现代化国家新征程,并向第二个百年目标努力奋斗,这标志着我国进入了一个新的发展阶段。新的发展阶段和历史方位对中国特色社会主义制度的内容和体系提出了更高的要求,需要进一步完善和发展中国特色社会主义制度的内容体系。此外,世界是多元化的,存在着不同的制度体系,在百年未有之大变局中,如何在逆全球化、霸权主义盛行等西方资本主义制度及价值观的影响下发展并完善中国特色社会主义制度,是新时代中国特色社会主义需要面临的重大挑战。

习近平总书记指出:"我国有独特的政治优势、制度优势、发展优势和机遇优势,经济社会发展依然有诸多有利条件,我们完全有信心、有底气、有能力谱写'两大奇迹'新篇章。"② 一个国家最大的优势,就是制度优势。中国特色社会主义进入新时代,我国在高速发展阶段后取得了许多方面的成就,但高速的发展也给我国带来了一些问题,发展不平衡不充分的问题仍然突出,农业基础不牢、创新不足、社会治理不足、民生保障还不充分、生态环保问题频发等,国内发展环境还存在着许多风险和挑战。随着新一轮科技革命的深入推进、经济全球化的持续发展、大国战略博弈的推动、文明交流互鉴的不断强化,世界百年未有之大变局呈现出加速推进的态势,对国际政治秩序产生深刻影响。面对复杂多变的国内外环

---

① 《中共中央关于党的百年奋斗重大成就和历史经验的决议》,《人民日报》,2021年11月17日。

② 习近平:《关于〈中共中央关于制定国民经济和社会发展第十四个五年规划和二〇三五年远景目标的建议〉的说明》,《人民日报》2020年11月4日。

境，只有坚定中国特色社会主义制度信心，增加全国人民对该制度的认同，才能成功应对并战胜国内外的众多风险挑战，才能全面建设社会主义现代化国家、实现第二个百年奋斗目标。习近平总书记指出："新中国70年取得的历史性成就充分证明，中国特色社会主义制度是当代中国发展进步的根本保证。"[①] 中国特色社会主义制度的优越性是根本的、长期的、稳定的，是当代中国进步发展的根本保障。正是因为实行中国特色社会主义制度，中华民族才实现了由站起来、富起来到强起来的伟大飞跃，才实现了从温饱不足到总体小康、全面小康的伟大转变，并为解决人类问题贡献了中国经验、中国智慧和中国方案。可以说在革命、建设和改革过程中，中国特色社会主义制度建设历经探索、建立、发展和不断完善的历史演进，形成了内涵丰富、系统严整、科学合理的制度体系，积累了制度建设的基本经验，为人类文明发展作出了重大贡献。

（一）传承借鉴互动，丰富中国特色社会主义制度的科学内涵

守本传承与借鉴创新是中国特色社会主义制度建设不断发展的重要动力源泉。守本传承与借鉴创新的相互关系表现在中国特色社会主义制度建设的价值观念和理念上。这是对道德和文化传统的持续传承和提升，同时也是对人类智慧与创新的持续挖掘和提炼。在这一过程中，借鉴外国经验不仅是为了融合国际社会的共同价值，更是为了找到符合本国现状的立足点与突破口，从而推进中国特色社会主义制度建设的理论与实践内涵不断创新与扩展。守本传承意味着坚定地维护中国特色社会主义的核心价值体系，坚持党的领导、人民当家作主、依法治国、全面深化改革、新发展阶段等；借鉴创新则是为适应时代需求，积极引入人类文明一切优秀的外部理论和实践成果，如发展社会主义市场经济、推动新型城镇化、推行生态

---

① 习近平:《关于〈中共中央关于坚持和完善中国特色社会主义制度 推进国家治理体系和治理能力现代化若干重大问题的决定〉的说明》，《人民日报》2019年11月6日。

文明等。在这一过程中，既要保持对中国特色社会主义制度本质特征的认识，又要积极解决路径依赖、利益固化等问题，推动制度持续改革创新①。

中国特色社会主义制度建设传承了中华民族优秀传统政治文化和中国共产党人创立的红色政治文化，弘扬中华民族优秀制度文明成果，不断创新中国特色社会主义制度。对于事关国家根基、民族兴旺、人民福祉的根本制度和基本制度，必须始终如一、毫不动摇地坚持，在实践中不断完善，决不能偏离或背弃。例如，在环保领域，通过创新和完善生态文明制度，加强环境保护和生态文明建设，不断提高生态文明制度体系的科学化、系统性和整体性。在智慧城市建设中，借鉴了外国的经验，引进先进技术手段与管理模式，优化城市安全、交通、环境、教育、医疗等公共服务，同时保持了对中国特有问题的研究与发展，使公共服务更加符合本国民众的需求。此外，中国特色社会主义制度建设吸收了世界各国创立的人类制度文明成果，从不同文化背景的不同国家中吸收有益的经验和智慧，丰富了中国特色社会主义制度的思想内涵，为充分发挥中国特色社会主义制度建设的优势提供了重要保障。

（二）在理论与实践互动中推动中国特色社会主义制度的改革创新

坚持在理论与实践双向互动中推动中国特色社会主义制度改革创新是在实现中华民族伟大复兴过程中必须遵循的重要原则。理论与实践之间存在着不可分割的内在联系，在实践基础上检验、发展和创新理论并不断推进制度改革创新，才能不断适应和引领时代发展，助力中国特色社会主义事业的不断前进。

当代中国特色社会主义制度体系，既坚持马克思主义基本原理和科学

---

① 令狐乔丽：《中国特色社会主义与人类文明的关系研究》，中共中央党校 2020 年博士学位论文。

第三章
坚持和完善中国特色社会主义制度

社会主义基本原则，体现社会主义的根本性质和内在规定，又立足于中国国情、植根于中国大地，彰显中国特色，充分体现了理论与实践具体、历史、统一的辩证唯物主义基本原理。其中，理论指导实践，是中国特色社会主义制度建设的基本遵循。一直以来，中国特色社会主义制度体系秉持四项基本原则，即坚持社会主义道路、坚持人民民主专政、坚持中国共产党的领导、坚持马克思列宁主义、毛泽东思想。不断加强党的建设和国家治理体系的创新完善，推进改革开放和现代化建设，保障人民群众的切身利益。

除此之外，中国特色社会主义制度建设还始终坚持在实践基础上检验、发展和创新理论。立足于时代发展和实际需要，不断推动理论创新，以更为系统化、科学化、有机化的方式探索新时代的制度建设路径，中国逐步构建了具有鲜明特色的社会主义制度体系。例如，在数字化时代的背景下，中国政府积极推进数字化转型进程，并不断完善电子商务、数字金融等制度体系，加强网络空间治理，推动数字经济和实体经济深度融合，为中国特色社会主义制度体系的发展注入了新动力和新活力。

不仅如此，中国特色社会主义制度建设也注重推进制度改革创新，促进制度与实践之间的反向互动。在中国特色社会主义制度建设中，创新了行政体制和参与型治理模式，委员会制度、专门会议制度、公众参与机制、社会组织参与机制等制度已被广泛应用。同时，借助大数据、人工智能等现代信息技术手段，推动"互联网+政务"建设，加强政府与企业、社会组织间的协作，优化公共服务的供给方式，提高政府的服务效率，进一步提高了公共管理水平。通过加强监管、依法打击贪腐、扩大司法领域的公开和透明等方式，不断创新和完善法律制度，以实现依法治国，并将法治与国家治理相结合，让政府的权力运转更加规范、透明，使得法治成为维护人民利益的重要保障。在民主与法治相结合的前提下，通过不断丰富和拓展人民民主的形式和内容，使人民以更为广泛、深入的方式参与政治生活，实现全体人民的利益更好地得到维护。在中国特色社会主义制度建设过程中,坚持在理论与实践双向互动中推动制度改革创新,在不断推进理论创新和制度体系的完善中,逐步实现中国特色社会主义事业的全面发展。

(三) 党群关系互动成为中国特色社会主义制度的重要内容

百年党史证明,中国共产党与人民群众是血肉相连、互动发展的关系,党的事业前进发展必须依靠人民群众的拥护和支持,人民群众的主体地位和根本利益只有在党的坚强领导下才能最终确立和顺利实现。换言之,中国共产党是领导核心,中国共产党团结带领人民群众在各项事业建设中贡献价值、发挥作用,人民群众是中国共产党执政之根基、力量之源泉。

中国特色社会主义制度建设是中国共产党的重要政治任务之一,是推进国家和社会现代化的内在需求。在中国共产党百年历史的发展进程中,中国特色社会主义制度建设是伴随着中国共产党历史不断前行的,也是中国共产党领导人民群众推进中华民族伟大复兴的一项系统工程。在制度建设的过程中,把党群的良性互动作为基本遵循,既保障了制度建设的科学性和可操作性,又确保了中国特色社会主义制度建设的稳健前行。

党群关系的良性互动是中国特色社会主义制度建设的重要特点。中国共产党的领导核心,是中国特色社会主义制度建设的重要支撑和尖端力量。在党和人民群众之间,形成了"党的领导核心、人民群众的主体地位"的关系,体现了共产党人的矢志方向和价值取向,也是中国特色社会主义制度建设的本质要求。在实践中,中国共产党始终坚持以人民群众为中心的发展思想,积极倡导人民群众在国家治理、社会管理、经济建设和文化传承等方面发挥更大的主体作用,使制度建设更加符合人民利益和国家整体利益,保证了中国特色社会主义制度的成功建设。

党群关系的良性互动是中国特色社会主义制度建设的重要支撑。从历史进程来看，中国特色社会主义制度建设充满着内在矛盾和外部挑战，需要党的领导核心不断提升科学决策能力和应对危机智慧，同时还需要充分认识人民群众的主体地位，巩固基层组织，增强社会治理能力。这就要求中国共产党在制度建设过程中，不仅要注重领导核心的意志力量和威望，更要注重人民群众参与的主体作用和民意诉求的反馈调节，既要是一个"硬中心"，又要是一个"软中心"。例如，在国家治理体系建设中，一方面要深化政治文明建设，严格落实中央和地方的各项决策部署；另一方面要推进社会治理创新，保证公共服务和社会保障的平衡和稳定。在国家关键领域和战略领域中，更需要党的领导核心和广大人民群众的主体力量齐心协力，推进制度建设的优化和升级。

党群关系的良性互动是中国特色社会主义制度建设的内在需求。中国特色社会主义制度建设，不断深化改革、不断完善法律法规、不断提高治理效能，其目的就是实现和保障人民群众的根本利益，增进人民群众的福祉。这就需要中国共产党携手人民群众去探索科学的制度设计，打造符合国情和时代特征的制度框架，促进国家治理体系和治理能力现代化。同时，中国特色社会主义制度建设还需要不断适应和应对国际形势的变化和挑战，增强国际竞争力。中国共产党作为领导核心不仅是推动制度建设的重要力量，更是服务人民群众的使命所在。中国特色社会主义制度建设需要党的领导核心的坚决决策和有效指导，也需要人民群众的积极参与和持久支持。在把党群关系的良性互动作为制度建设的基本原则和基本遵循的过程中，才实现了制度建设的科学性、民主性、适用性和可操作性，推进了中国特色社会主义事业的进步与发展。

三、进一步坚持和完善中国特色社会主义制度

坚持和完善中国特色社会主义制度，是坚持和发展中国特色社会主义的必然要求，是实现中华民族伟大复兴中国梦的有力保证，必将为人类制

度文明发展进步不断作出中国贡献。① 近年来，中国在发展中国特色社会主义制度方面取得了重大进展，但要进一步完善和发展中国特色社会主义制度，仍需不断进行制度创新，加快形成系统完备、科学规范、运行有效的制度体系。进入新时代，经济社会发展的特征以及我国所处的国际政治环境已经发生重要改变，在这一阶段中国特色社会主义国家制度和法律制度需要坚持好、实施好，也需要不断完善和发展。党的十九大报告中提出的制度建设的目标是：到 2035 年"各方面制度更加完善，国家治理体系和治理能力现代化基本实现"，到本世纪中叶"实现国家治理体系和治理能力现代化"。因此，要在坚持好、巩固好已经建立起来并经过实践检验的根本制度、基本制度、重要制度的前提下，进一步坚持和完善中国特色社会主义的基本经济制度、基本政治制度、文化制度、社会制度、生态文明制度。

（一）坚持和完善中国特色社会主义经济制度

随着时代的推进和发展，完善和发展中国特色社会主义制度已成为推动中国走向更加繁荣富强、实现中华民族伟大复兴的重要措施之一。习近平总书记指出，"要通过不断改革创新，使中国特色社会主义在解放和发展社会生产力、解放和增强社会活力、促进人的全面发展上比资本主义制度更有效率，更能激发全体人民的积极性、主动性、创造性，更能为社会发展提供有利条件，更能在竞争中赢得比较优势，把中国特色社会主义制度的优越性充分体现出来"。② 这需要我们不断解决制约发展的体制机制障碍和利益固化藩篱，加快形成系统完备、科学规范、运行有效的制度体系。坚持和完善中国特色社会主义的基本经济制度是完善中国特色社会主义制度的重要内容。改革的实践经验也证明：只有坚持和完善我国的

---

① 王炳林、孙存良：《坚持和完善中国特色社会主义制度的重大意义（深入学习贯彻党的十九届四中全会精神）》，《人民日报》2020 年 2 月 5 日。
② 《习近平总书记系列重要讲话读本》，人民出版社、学习出版社 2014 年版，第 44 页。

第三章
坚持和完善中国特色社会主义制度

基本经济制度，才能不断增强我国经济发展的活力。

第一，毫不动摇巩固和发展公有制经济。公有制经济是中国特色社会主义制度的重要组成部分，巩固和发展公有制经济具有重要意义。当前，我国经济发展既面临难得的机遇，也遇到一些风险和挑战。面对经济下行压力，国有企业作为公有制经济的重要组成部分在深化改革、优化结构和提高创新能力方面仍然面临挑战，结构需要优化，创新能力需要提高。2020年6月30日，中央全面深化改革委员会第十四次会议审议通过《国企改革三年行动方案（2020—2022年）》，发出深化国企改革的动员令，支持国有企业通过市场化方式筹措资金，加强财务与产权管理，促进其健康发展。同时，要深化国有企业改革，完善国有企业公司法人治理结构，使国有企业成为更加符合社会主义市场经济要求的市场主体，通过竞争等市场手段平等获得要素资源。完善国有资产产权制度，进一步明晰国有产权所有者和代理人的关系，依法合规界定企业产权归属，保障国有资本收益权和企业自主经营权。围绕以监管资本为主加快转变国有资产监管机构职能，改革国有资本授权经营体制，提高国有资本运行和配置效率。积极稳妥推进混合所有制改革，培育具有全球竞争力的世界一流企业。

第二，毫不动摇鼓励、支持、引导非公有制经济发展。非公有制经济在稳定增长、增加就业、推动创新、出口创汇、改善民生等方面发挥着重要的作用。着力放开市场准入、支持和鼓励非公有制经济的发展，应当按照推进国家治理体系和治理能力现代化的要求，进一步坚持和完善我国基本经济制度。党的十八大以来，中国政府相继出台多项扶持非公有制企业的政策，包括放宽市场准入、简化注销手续、优化营商环境等。近年来，中共中央、国务院先后印发促进非公有制经济健康发展的指导性文件，明确了在减税降费、优化融资环境、加强知识产权保护等方面的具体措施。要进一步支持非公有制经济发展，着力放开市场准入、解决中小企业融资难问题，健全完善金融体系，为中小企业融资提供可靠、高效、便捷的服务。加快公共服务体系建设，支持建立面向民营企业的共性技术服务平台，积极发展技术市场，为民营企业自主创新提供技术支持和专业化服务。进一步清理、精简涉及民间投资管理的行政审批事项，降低涉企收费，规范中间环节、中介组织行为，减轻企业负担，降低企业成本。完善物权、债权、股权、知识产权的相关法律法规制度，形成清晰界定所有、占有、支配、使用、收益、处置等产权权能的完整制度安排。消除对产权的所有制歧视，平等对待公有产权与非公有产权，在执法、司法和行政实践中加强对平等市场主体之间产权纠纷的公平裁决。

（二）坚持和完善中国特色社会主义政治制度

中国特色社会主义的基本政治制度是中国特色社会主义制度的重要组成部分。要进一步完善和发展中国特色社会主义制度，必须坚持党的领导、人民当家作主、依法治国有机统一。这为我们走中国特色社会主义政治发展道路指明了方向。

第一，坚持党的领导。坚持党的全面领导是中国特色社会主义最本质的特征之一。习近平总书记在多个场合都强调了党的领导必须毫不动摇地坚持下去。必须坚持党总揽全局、协调各方的领导核心作用，加强和改善党的领导，使党的主张通过法定程序成为国家意志，使党组织推荐的人选通过法定程序成为国家政权机关的领导人员，运用民主集中制原则维护党和国家权威，维护全党全国团结统一。随着中国特色社会主义事业的发展，党的领导体系和领导方式也在不断创新和完善，加强和改善党的领导，让党始终成为全国各族人民利益的代表者和最可靠的领导核心。

第二，坚持人民当家作主。中国特色社会主义法治体系以人民为中心，实现人民当家作主是其出发点和落脚点。要保证和发展人民当家作主，必须坚持国家一切权力属于人民，坚持人民主体地位。在具体实践中，必须坚持和完善人民代表大会制度，健全中国共产党领导的多党合作和政治协商制度，扩大人民民主，健全民主制度，丰富民主形式，拓宽民主渠道，从各层次各领域扩大公民有序的政治参与。同时，要加强对各方面依法行政的监督，推进法治政府建设，提高政府服务效能和公正性，确保广大人民群众享有平等的机会和待遇。

第三，坚持依法治国。中国特色社会主义法治体系是在党的领导下建立起来的行之有效的制度体系，也是广大人民群众管理国家事务的一个重要途径。依法治国是中国特色社会主义的基本方略，也是全面深化改革、推进各项事业发展的重要保障。切实保障宪法和法律法规的正确贯彻实施，建立健全法律规范体系，完善法治实施和监督机制，不断提高司法公正性和效率，加强对各方面依法行政的监督，维护人民权益和社会公平正义，是全体中国人民共同关心的问题。要在全面推进依法治国的基础上推进法治中国建设，加强宪法实施和监督，推进合宪性审查工作，形成完备的法律规范体系、高效的法治实施体系、严密的法治监督体系、有力的法治保障体系、完善的党内法规体系。要进一步深化全面依法治国的实践，努力提高法治化水平。要牢固树立宪法权威，在各领域全面推进依法治国，要进一步发挥法律的约束力和引导作用，强化行政执法与社会监督相结合的机制。要加快建设以法治为基础、诚信为核心的社会信用体系，促进全社会形成守法诚信、讲文明树新风的良好氛围。要着力改善法律服务，提高司法公正性和效率，加强司法保障，推动审判机关、检察机关、公安机关、司法行政机关等相关部门在通力配合、工作协调方面向着更加高效、简捷、便民的方向努力。

（三）坚持和完善中国特色社会主义文化制度

当前，社会主义文化建设已经成为实现中华民族伟大复兴的重要组成部分。习近平总书记在党的二十大报告中指出："全面建设社会主义现代化国家，必须坚持中国特色社会主义文化发展道路，增强文化自信，围绕举旗帜、聚民心、育新人、兴文化、展形象建设社会主义文化强国，发展面向现代化、面向世界、面向未来的，民族的科学的大众的社会主义文化，激发全民族文化创新创造活力，增强实现中华民族伟大复兴的精神力量。我们要坚持马克思主义在意识形态领域指导地位的根本制度,坚持为人民服务、为社会主义服务,坚持百花齐放、百家争鸣,坚持创造性转化、创新性发展,以社会主义核心价值观为引领,发展社会主义先进文化,弘扬革命文化,传承中华优秀传统文化,满足人民日益增长的精神文化需求,巩固全党全国各族人民团结奋斗的共同思想基础,不断提升国家文化软实力和中华文化影响力。"因此,要持续推动中华优秀传统文化创造性转化、创新性发展,以社会主义核心价值观为引领,发展社会主义先进文化,弘扬革命文化,传承中华优秀传统文化,满足人民日益增长的精神文化需求,努力创造光耀时代、光耀世界的中华文化,建设社会主义文化强国。

第一,建设具有强大凝聚力和引领力的社会主义意识形态。习近平总书记在庆祝中国共产党成立100周年大会上的重要讲话中指出:"马克思主义是我们立党立国的根本指导思想,是我们党的旗帜和灵魂。"牢牢掌握意识形态工作领导权,推动党和国家事业顺利发展,最根本的是要把坚持和发展马克思主义有机统一起来,推进马克思主义中国化、时代化、大众化。习近平新时代中国特色社会主义思想开辟了马克思主义新境界,使马克思主义中国化实现了一次新的飞跃。实践没有止境,理论创新没有止境,理论武装也没有止境。加强理论武装,首要的是坚持不懈地用习近平新时代中国特色社会主义思想武装全党、教育人民。要发挥党校(行政学院)干部教育培训主阵地作用,深入宣传习近平新时代中国特色社会主义思想的重大贡献和历史地位、丰富内涵和实践要求,引导人们在新的广度和深度上提高认识。完善党委(党组)理论学习中心组制度,重点抓好领导干部的学习,推动各级领导干部读原著、学原文、悟原理,做到学而信、学而用、学而行。

第二,广泛践行社会主义核心价值观。社会主义核心价值观是当代中国精神的集中体现,也是全民族文化建设的重要方向之一。要加大教育引导和规范治理力度,提高人民思想觉悟、道德水准、文明素养,营造培育和践行核心价值观浓厚的社会氛围。广泛开展理想信念教育，深化中国特色社会主义和中国梦宣传教育，弘扬民族精神和时代精神，引导人们树立正确的历史观、民族观、国家观、文化观。同时，深入挖掘中华优秀传统文化蕴含的思想观念、人文精神、道德规范，结合时代要求继承创新，让中华文化展现出永久魅力和时代风采。

第三，提高全社会文明程度。人民有信仰，国家有力量，民族有希望。要把思想道德建设摆在突出位置，完善相应的工作制度，提高全社会文明程度。抓好道德建设，推进社会公德、职业道德、家庭美德、个人品德建设，激励人们向上向善、孝老爱亲，忠于祖国、忠于人民。形成良好风尚，加强和改进思想政治工作，深入开展群众性精神文明创建活动，抵制腐朽落后文化的侵蚀。

第四，繁荣发展文化事业和文化产业。文艺是时代前进的号角，也是国家软实力的重要组成部分。要坚持以人民为中心的创作导向，自觉在深入生活、扎根人民中进行无愧于时代的文艺创造。繁荣文艺创作，加强现实题材创作，不断推出讴歌党、讴歌祖国、讴歌人民、讴歌英雄的精品力作，提升文艺原创力，推动文艺创新。针对当前文化市场供给不足、供求结构不平衡等问题，需要深化文化体制改革，积极推动文化事业和文化产业发展。鼓励优秀文艺作品和文化产品的生产和流通，促进文化消费的增长，提高文化供给质量和水平，满足人民日益增长的精神需求。同时，要推进文化产权保护制度，完善相关法律法规，加强版权保护，打击盗版行为，切实维护权利人和消费者的合法权益。要加强文艺队伍建设，造就一大批德艺双馨名家大师，培育一大批高水平创作人才。此外，要推动文化事业和文化产业的发展，为人民提供丰富的精神食粮。

第五，增强中华文明传播力影响力。与其他文明相比，中华文明凝聚着中华民族的思想和智慧，具有海纳百川、兼容并包等明显特征，当前正在面临着前所未有的国际传播新机遇。要加强顶层设计和研究布局，构建具有鲜明中国特色的战略传播体系，做好中华文明的传播理念研究、体制机制优化、综合效果评估等工作，加强政府与社会各个部门的统筹协调、实现跨部门的有效联动。要强化中国优秀文化的传播力与影响力，总结文化在国外传播的规律，结合最新的数字技术，推动中华优秀传统文化和流行文化走出去。要加强与世界各国的文明交流，选择性吸收世界各国传播文明过程中在文化产业发展战略、配套机制、政策扶持、法律保障等方面的经验，在文明交流过程中弘扬全人类共同价值，推动构建人类命运共同体。

（四）坚持和完善中国特色社会主义社会制度

坚持和完善中国特色社会主义制度是我国当前和今后一个时期全面建设社会主义现代化国家的首要任务。其中，加强社会治理制度建设，不断促进社会公平正义，保持社会安定有序至关重要。改革开放40多年来，中国共产党坚持走中国特色社会主义道路，探索适应我国国情的社会治理体制机制和方式方法，取得了显著成效。在习近平新时代中国特色社会主义思想的指引下，应继续加强和完善中国特色社会主义的社会制度，推动治理能力和治理水平跨越式提升。

第一，坚持以人民为中心加强和创新社会治理。中国共产党始终将人民群众的利益放在首位，坚持以人民为中心加强和创新社会治理是其根本遵循。全面建设社会主义现代化国家，不仅需要物质文化生活的改善，还需要民主、法治、公平、正义、安全、环境等方面的不断提升。因此，在加强和创新社会治理时，必须抓住人民群众最关心、最直接、最现实的利益问题，让改革发展成果更多、更公平地惠及全体人民，提高人民获得感、幸福感、安全感。在幼有所育、学有所教、劳有所得、病有所医、老有所养、住有所居、弱有所扶等方面不断取得新进展，促进人民安居乐业、社会安定有序。

第二，深入推进社会治理体制改革。我国改革开放40多年来，已经探索出了一些适应我国国情的社会治理体制机制和方式方法。然而，随着时代的变迁，原有的治理体制机制也面临不少挑战，需要不断深入推进社会治理体制改革，完善党委领导、政府负责、社会协同、公众参与、法治保障的社会治理体制。健全共建共治共享的社会治理制度。具体措施包括：在党的集中统一领导下，强化各级政府的公共服务职能，深化群团组织改革，培育和引导社会力量参与社会治理，促进人人参与、人人尽责，实现政府治理与社会调节、居民自治良性互动。

（五）坚持和完善中国特色社会主义生态文明制度

生态文明建设是一场涉及生产方式、生活方式、思维方式和价值观念的革命性变革。实现这样的革命性变革，必须依靠制度和法治。党的十八大以来，党和国家采取了一系列措施，坚持和完善中国特色社会主义的生态文明制度，为全球生态保护事业作出了重大贡献。进一步坚持和完善中国特色社会主义的生态文明制度是中国可持续发展的必由之路。通过以人民为中心加强和创新生态文明建设、建立绿色生产和消费的法律制度、推进生态文明体制机制改革和创新生态文明建设方式方法，中国将实现经济、社会与环境的协调发展，为全球可持续发展作出重要贡献。

第一，继续坚持以人民为中心加强和创新生态文明建设。坚持以人民为中心是加强和创新生态文明建设的根本遵循。随着人民群众环保意识的不断增强，对生态环境的治理要求也越来越高，对于可持续发展的追求已经成为共识。在实现经济发展的同时，中国也积极推进环境保护工作。例如，在航空、交通、工业等领域，中国提出了降低能耗、减少污染的一系列措施，加强环境保护工作，并将先进技术进行推广和应用，从而切实降低环境污染和能源浪费。同时，应当认识到创新生态文明建设方式方法是实现可持续发展的必要条件，需要通过全面深入的研究和探索，找到适合中国国情的生态文明建设路径。在推进生态文明建设的过程中，要积极探索科技手段的应用，如大数据、人工智能等技术，加强对生态环境的监测管理和预测预警，提高生态环境治理的科学性和有效性。将生态文明建设与产业、城乡规划等紧密结合起来，打破各部门、企业之间的壁垒，发挥各方优势，共同推进生态文明建设。积极推进绿色金融建设，利用货币政策、税收政策等手段鼓励企业和个人投资生态环境建设，推动生态产品和环保服务的发展。

第二，建立绿色生产和消费的法律制度与政策导向。法律制度和政策导向对生产者和消费者的生产和消费行为具有很强的规范性、导向性和可执行性。只有加快建立绿色生产和消费的法律制度与政策导向，才能从源头上和过程上转变粗放型经济发展方式，推动产业结构朝着绿色、低碳、循环的方向优化升级，以绿色发展推动提质增效。要大力实施自然资产产权制度、国土空间开发保护制度、资源总量管理和全面节约制度等一系列制度，强力实施中央环境保护督察制度，大力推动绿色发展，深入实施大气、水、土壤污染防治三大行动计划，积极实施《中国落实2030年可持续发展议程国别方案》，不断改善供给质量，增加生态产品的供给，改善民生福祉，以制度保障绿色化发展在未来国民经济和社会生活中的重要作用。

第三，健全生态环境治理体系。健全生态环境治理体系是指针对当前全球环境问题日益严峻的形势，应建立健全的生态环境治理机制和体系，实现经济、社会与环境的协调发展，以保护和改善全球生态环境，切实解决人类面临的环境问题。健全生态环境治理体系的实施，对于促进经济、社会和环境的协调发展，推动生态文明建设和可持续发展具有重大意义。它可以加强对生态环境的监管和管理，推动各部门、企业和公众共同参与，形成有效的合力，使生态环境治理的效果得到全面提升。同时，健全生态环境治理体系也可以推动技术创新和产业升级，促进绿色经济的发展，为经济发展注入活力。我国未来生态环境治理体系的优化包括三个方面的内容：完善生态环境保护责任制、健全生态补偿制度、改革生态环境监管体制。

完善生态环境保护责任制方面：基本的环境质量是普惠的民生和公共

产品，是党委、政府应当提供的基本公共服务。环境基本公共服务供给与需求之间的差距已经成为现阶段社会主要矛盾的突出表现。要构建全面开放、政策完善、监管有效、规范公平的长效的环境治理体系，着力解决我国日益严峻的环境产品供给问题。生态环境具有系统性，环境治理体制机制建设更是一个系统工程。为此，党和政府要在自然资源使用、生态环境空间、污染物总量、环境行为等方面建立健全治理体系，并切实履行监管职责。要用制度强化各级党委和政府的生态职能，明确主要领导是本行政区域生态环境保护第一责任人，将资源消耗、环境损害、生态效益等作为经济社会发展评价体系的重要指标，切实用好考核评价的"指挥棒"，让制度体系合力充分发挥。

健全生态补偿制度方面：生态补偿制度的原则是谁开发谁保护、谁受益谁补偿。生态补偿制度是生态文明制度建设的核心内容，是确保生态文明建设持续健康稳定发展的基本制度。要引入资源价值体系和资产市场机制，明确生态资源的责任权利，建立市场化、多元化的社会资金注入机制，杜绝报废性使用环境资源的现象，实现生态环境资源的可持续利用和有效保护，解决我国在生态保护和环境治理上的资金持续投入问题，形成生态文明建设内在动力的良性循环。充分运用市场化手段，完善资源环境价格机制，采取多种方式支持政府和社会资本合作项目，加大重大项目科技攻关力度，对重大生态环境问题开展对策性研究，建立反映市场供求和资源稀缺程度、体现生态价值和代际补偿的资源有偿使用制度和生态补偿制度。

改革生态环境监管体制方面：只有建立权责明确、监管有效的生态环境管理制度，才能解决原来由行政管辖权所造成的分散监管和地方保护主义问题，才能保障和强化生态文明制度体系的执行效力。这是我国健全自然资源资产产权制度的一项重大改革，也是行政机构改革的重大创新。制度设计再完善，不落实也只能成为一纸空文。强化制度落实，要针对环保意识不强、履职不到位、执行不严格等问题，按照依法依规、客观公正、科学认定、权责一致、终身追究的原则，建立科学合理的考核评价体系，并将考核结果作为各级领导班子和领导干部奖惩和提拔使用的重要依据。进一步提高违法违规成本，加大执法力度，对破坏生态环境的行为严惩重罚，对造成严重后果的人依法追究责任，真正让制度成为刚性的约束和不可触碰的"高压线"。

第四章 推进国家治理体系和治理能力现代化

党的十八届三中全会将"完善和发展中国特色社会主义制度,推进国家治理体系和治理能力现代化"确定为全面深化改革的总目标,自此,"推进国家治理体系和治理能力现代化"成为各领域改革的重要导向。习近平总书记指出,推进国家治理体系和治理能力现代化,必须完整理解和把握全面深化改革的总目标,这是两句话组成的一个整体。① "推进国家治理体系和治理能力现代化"的提出,既立足于国家治理历史经验的总结与具体国情的需要,又兼顾了坚持党的领导和打造开放包容的治理体系的双重要求。国家治理体系和治理能力是一个国家制度和制度执行能力的集中体现,是决定一个国家治国理政效能和政权成败兴衰的关键要素,我国围绕国家治理体系和治理能力现代化的改革历程,在坚持党的领导和正确的理论指引基础上,积累了丰富的经验,取得了重大的成果。在新的历史起点上,党的十九届四中全会围绕坚持和完善中国特色社会主义制度、推进国家治理体系和治理能力现代化形成了一系列重大决策,作出了兼具时代性与前瞻性的部署,将更进一步推动实现我国国家治理体系和治理能力现代化,将更有力地推动和保障党和国家事业全面向前发展。习近平总书记在党的二十大报告中指出:"中国共产党的中心任务就是团结带领全国各族人民全面建成社会主义现代化强国、实现第二个百年奋斗目标,以

---

① 《完善和发展中国特色社会主义制度 推进国家治理体系和治理能力现代化》,《人民日报》2014年2月18日。

中国式现代化全面推进中华民族伟大复兴。""中国式现代化，是中国共产党领导的社会主义现代化，既有各国现代化的共同特征，更有基于自己国情的中国特色。"中国式现代化的内涵是丰富而全面的，是"人口规模巨大""全体人民共同富裕""物质文明和精神文明相协调""人与自然和谐共生""走和平发展道路"的现代化。党的二十大报告全文中4次提及"国家治理体系和治理能力现代化"，11次论及"中国式现代化"，85次强调各个方面的"现代化"，均以高瞻远瞩的全局谋划视野和体系完备的战略发展思维为新时代新征程深入推进国家治理体系和治理能力现代化指明了方向。

一、全面把握推进国家治理体系和治理能力现代化的总体部署

推进国家治理体系和治理能力现代化是党和国家对全面深化改革所面临的目标和任务作出的新的科学判断，是创造性转化运用和发展马克思主义理论的鲜明体现，是马克思主义中国化时代化的必然要求。国家治理体系和治理能力现代化是完善和发展中国特色社会主义制度的必然要求，也是实现社会主义现代化的应有之义。习近平总书记在党的二十大报告中指出，未来五年是全面建设社会主义现代化国家开局起步的关键时期，国家治理体系和治理能力现代化深入推进是主要目标任务之一。全面把握推进国家治理体系和治理能力现代化的总体部署与具体目标任务，明确国家治理体系与治理能力之间的关系对于实现国家治理体系与治理能力现代化的伟大奋斗目标具有重要意义。

（一）推进国家治理体系和治理能力现代化的目标任务

推进国家治理体系和治理能力现代化，是推进国家治理现代化的一体两面，"体系"和"能力"在机理和功能上密不可分，是制度与治理有机

互动的体现，如"车之两轮、鸟之双翼"，相辅相成并有机统一于国家治理现代化的任务进程中。全面深化改革的总目标这一命题具有丰富的意涵：一方面表明中国特色社会主义制度、中国特色社会主义理论是推进国家治理体系和治理能力现代化的方向，另一方面表明未来我国将在坚持中国特色社会主义制度的基础之上，不断完善我国的各项国家制度，着力推进各方面制度更加成熟更加定型，依靠改革为科学发展提供持续动力。这一命题提出之后，党的十八届五中全会指出，要实现"各方面制度更加成熟更加定型，国家治理体系和治理能力现代化取得重大进展，各领域基础性制度体系基本形成"的阶段性目标。

党的十九届四中全会通过的《决定》提出，我国到 2035 年基本实现国家治理体系和治理能力现代化，到新中国成立 100 周年时全面实现国家治理体系和治理能力现代化，从而清晰地描绘出我国实现国家治理体系和治理能力现代化的时间轴，并明确指出新时代全面推进国家治理体系和治理能力现代化建设的具体方向。党的十九届六中全会通过的《决议》明确指出，党不断推动全面深化改革向广度和深度进军，中国特色社会主义制度更加成熟更加定型，国家治理体系和治理能力现代化水平不断提高，党和国家事业焕发出新的生机活力，对实现国家治理体系和治理能力现代化目标进一步指明了制度发展和完善的方向，充分突出了党重视发挥制度优势在治理现代化进程中的作用，从历史逻辑和实践逻辑诠释了将中国特色社会主义的制度优势转化为治理效能的前进方向和根本遵循。

（二）正确把握推进国家治理体系和治理能力现代化的关系

党的十九届四中全会对我国如何完善社会主义制度，提出了"坚持和巩固什么，完善和发展什么"的重要政治命题。在党"总揽全局、协调各方"的领导和执政优势的保障下，协同推进国家治理体系和治理能力现代化，需要正确认识和把握国家治理体系和治理能力现代化的关系。协同推进国家治理体系和治理能力现代化,充分体现了我国民主集中制蕴含的民主性与有效性兼具的制度机理与效能要求,国家制度完善与国家治理有效性是在集中统一、统筹协调的治理实践中实现的。推进国家治理体系和治理能力现代化战略的有机统一部署,表明实现其是一项复杂的、长期的、艰巨的任务使命,需要在各个阶段处理好制度自信与改革创新的关系,统筹好制度完善与制度落实的关系。制度在国家治理实践中起根本性、全局性和长效性作用,推进国家治理体系和治理能力现代化,要与时俱进地发现和解决国家制度中的短板、漏洞和弱项,努力构建系统完备、科学合理、稳定有效的制度体系。制度的权威和生命在于贯彻和执行,形成现代化的国家制度体系的同时,只有加强和提升制度体系的实施能动和实践活力,才能真正将制度优势转化为治理效能。

(三) 协同推进国家治理体系和治理能力现代化

党的十九届四中全会以"三步走"战略目标,阐明了制度建设与国家治理有机统一的逻辑关系。以"更加成熟更加定型"来定位建党 100 周年的制度要求,以"更加完善"来定位 2035 年我国制度建设的目标导向,以"制度更加巩固、优越性更加充分展现"来展望新中国成立 100 周年时的制度形态,充分体现了党领导构建各项国家制度具有规划性、战略性、实践性的优势特征。"国家治理体系是在党领导下管理国家的制度体系,包括经济、政治、文化、社会、生态文明和党的建设等各领域体制机制、法律法规安排,也就是一整套紧密相连、相互协调的国家制度;国家治理能力则是运用国家制度管理社会各方面事务的能力,包括改革发展稳定、内政外交国防、治党治国治军等各个方面。"[①]

国家治理体系和国家治理能力相辅相成,治理能力是对治理体系成效

---

① 习近平:《切实把思想统一到党的十八届三中全会精神上来》,《人民日报》2014 年 1 月 1 日。

的真实反映,治理体系是形成治理能力的根本基础。党中央对推进实现国家治理体系和治理能力现代化作出的横向囊括十三大领域、纵向包含各阶段重点任务的重大部署和战略安排,为党领导国家朝着治理现代化的目标行稳致远形成了系统化、科学化、规范化的制度安排。全面把握实现国家治理体系和治理能力现代化的目标,需要在每一领域制度建设的战略进程中,都要突出"目的"和"手段"的有机统一、"制度"与"方法"的统筹协调、"系统治理""依法治理""综合治理""源头治理"的协同推进。

二、全面推进国家治理体系和治理能力现代化的重要维度

国家治理包括国家治理体系和治理能力,是一个国家制度和制度能力的集中体现。党的十九届四中全会通过的《决定》强调要"构建系统完备、科学规范、运行有效的制度体系,加强系统治理、依法治理、综合治理、源头治理,把我国制度优势更好转化为国家治理效能",从而指明了推进国家治理体系和治理能力现代化的总体要求。同时,党的十九届四中全会从坚持和完善党的领导制度体系、坚持和完善人民当家作主制度体系等13个方面作出许多新的制度安排,这13个"坚持和完善"全面回答了我国在国家制度和国家治理上,应该"坚持和巩固什么、完善和发展什么"这个重大政治问题,具有新颖的、丰富的理论内涵。国家治理体系和治理能力需要随着时代的发展进步适时更新才能满足现代化的要求,推进国家治理体系和治理能力现代化,既要改革不适应时代发展需求的机制体制与法律法规,使各方面的制度更加科学完善以实现党、国家、社会各项事务治理制度化与规范化,又要注重治理能力建设,严格遵循依制度办事、依法办事的宗旨,将各方面的制度优势转化为管理国家的效能。在国家治理中,制度是起全局性、根本性、长远性作用的,中国特色社会主义

制度是当代中国发展进步的根本制度保障，同时也是推进国家治理体系和治理能力现代化的有力制度支撑。从不同角度解读国家治理体系中制度体系的具体组成部分，一方面有利于从整体上科学把握制度体系的优势，另一方面有利于寻找推进国家治理体系和治理能力现代化的制度体系和具体路径。

（一）政治性维度：坚持和完善中国共产党领导制度体系

习近平总书记指出，"中国特色社会主义最本质的特征是中国共产党领导，中国特色社会主义制度的最大优势是中国共产党领导，党是最高政治领导力量"。① 中国特色社会主义制度与其他国家制度的根本区别在于中国共产党始终发挥着总揽全局、协调各方的领导核心作用，坚持和完善中国特色社会主义制度、推进国家治理体系和治理能力现代化必须加强党对一切工作的领导。

1. 坚持党的领导是实现国家治理体系和治理能力现代化的根本保证

坚持党的领导顺应我国的历史发展趋势，符合广大人民群众的期待。中国共产党一经诞生，就把为中国人民谋幸福、为中华民族谋复兴确立为自己的初心使命。中国共产党带领全国各族人民经过多年的浴血奋斗，彻底废除了西方列强强加给中国的不平等条约和帝国主义在中国的一切特权，彻底结束了旧中国半殖民地半封建社会的历史，彻底结束了极少数剥削者统治广大劳动人民的历史，彻底结束了旧中国一盘散沙的局面，为实现中华民族伟大复兴创造了根本社会条件。中华人民共和国成立后，中国共产党也成为领导全国政权的执政党，在毛泽东思想的指导下，党领导全国各族人民驾驭了错综复杂的国际国内斗争，恢复和发展了国民经济，并按照党的过渡时期总路线，顺利完成对农业、资本主义工商业和手工业的

---

① 习近平：《中国共产党领导是中国特色社会主义最本质的特征》，《求是》2020 年第 14 期。

社会主义改造，成功地在一个经济文化落后的东方国度里建立起社会主义制度，同时党领导人民如火如荼地开展社会主义建设，并取得世界瞩目的伟大成就。

以史为鉴，可以知兴替，从中国共产党领导中国人民百年奋斗的历史征程中，我们能够深刻地感受到坚持党的领导对于国家、民族发展的重大意义。历史和实践都充分表明，当党的全面领导坚持得彻底时，党和人民事业就会顺利推进；当党的全面领导被削弱时，党和人民事业就会走弯路甚至遭受挫折。从前完成新民主主义革命的任务需要依靠中国共产党的领导，如今完成中国特色社会主义建设的时代任务，依然需要依靠中国共产党的领导。党的十八大以来，习近平总书记以"我将无我，不负人民"的赤胆忠心，引领"中国号"巨轮涉险滩、战恶浪，推动党和国家事业取得历史性成就、发生世界瞩目的变革，成为众望所归、当之无愧的党的核心、人民领袖、军队统帅。穿越百年历史风云，一个真理昭示未来：没有中国共产党，就没有新中国，就无法实现中华民族伟大复兴的中国梦。坚持中国共产党的领导是顺应我国历史发展趋势的必然选择，是时代的召唤与人民的共同愿望。

2. 在推进国家治理现代化进程中坚持和完善党的全面领导

坚持中国共产党的领导，需要完善维护党中央权威和集中统一领导的各项制度。维护党的权威，关键在于维护党中央权威；坚持党的领导，关键在于坚持党中央集中统一领导。2018年宪法修正案将"中国共产党是中国特色社会主义最本质的特征"写入宪法总纲，同时在我国宪法的序言和具体条款中存在诸多关于"党的领导"的规范，2018年宪法的修改，进一步从国家法律层面巩固了党全面领导的法治逻辑，"党的领导""党的全面领导"入宪入法，已成为健全中国特色社会主义法治体系的重要特征。党内法规和宪法等法律关于"党的领导"的相关规定基本上在制度层面保证了党的领导的全覆盖，保证了党中央的集中统一领导。今后完善维护党中央权威和集中统一领导的各项制度，需要着重把握好以下几方面：

一是全面贯彻落实"两个维护"制度，广大党员、干部自觉在政治上思想上行动上同以习近平同志为核心的党中央保持高度一致，坚决维护习近平总书记党中央的核心、全党的核心地位，坚决维护党中央权威和集中统一领导，把增强"四个意识"、坚定"四个自信"、做到"两个维护"与党内各项制度紧密结合起来，确保党中央令行禁止；二是健全党中央对重大工作的领导机制，以统一的意志和行动维护党的团结统一，党中央决策机构充分履行总体布局、统筹协调、整体推进等职能，优化党中央决策议事协调机构并及时健全工作制度，确保党中央决策部署及时传导、不折不扣得到落实①，从而加强党对涉及党和国家事业全局的重大工作的集中统一领导；三是完善推动党中央重大决策落实机制，通过加强组织领导明晰目标任务分解和责任分工机制、健全党的政治责任机制、完善干部培训工作机制来落实党中央的各项重大决策，切实提高党中央重大决策的执行力。

坚持中国共产党的领导，需要健全党的全面领导制度。十九大党章中写入"党政军民学，东西南北中，党是领导一切的"，中国共产党是我国最高的政治领导力量。无论是在风雨如晦的革命时期，还是在筚路蓝缕的建设时期、春潮涌动的改革开放时期，党和国家事业取得的历史性成就、发生的历史性变革都充分证明：党的领导是做好党和国家各项工作的根本保证，是党和国家事业不断发展的"定海神针"。健全党的全面领导制度，一是确保党在各种组织中处于核心领导地位，发挥核心引领作用，在人大、政府、法院、检察院、政协、监察机关等国家治理体系的子系统中，都必须坚持中国共产党的领导；二是将党的领导贯彻至各项事业的具体制度中，党的领导是全面的、系统的、整体的，必须全面、系统、整体加以落实，党的领导需渗透至改革发展稳定、内政外交国防、治党治国治军等各领域各方面各环节；三是完善党和国家机构职能体系，党和国家机构职能体系改革是实现国家治理体系和治理能力现代化的重要支撑，通过健全

---

① 穆虹：《建立健全党对重大工作的领导体制机制》，《求是》2018年第9期。

第四章
推进国家治理体系和治理能力现代化

党领导改革工作的体制机制、完善改革领导决策、推动落实机制，优化重构党和国家组织结构和管理体制，将党的领导贯彻党和国家所有机构履行职责的全过程，提高党的领导的贯彻率及执行率。

坚持中国共产党的领导，需要坚持党对人民军队的绝对领导制度。党对军队的绝对领导是中国共产党对马克思主义政治军队关系理论的继承与发展，是中国基本军事制度与新时代中国特色社会主义的重要组成部分。只有坚定中国共产党的领导，才能坚持军队建设的正确方向、筑牢军队军人的理想信念、传承人民军队的光荣传统，不断创新和优化人民军队的战争思维和作战理念，为实现中国梦、强军梦奠定基础。习近平总书记在党的十九大报告中提出，坚持党对人民军队的绝对领导制度，确保人民军队忠实履行新时代使命任务。党对人民军队的绝对领导，首先，表明了党是人民军队的唯一领导主体，而人民军队是党的领导对象之一；其次，党对人民军队绝对领导之"绝对"，主要体现为党的领导之唯一性、彻底性和无条件性；再次，党对人民军队的绝对领导，要求人民军队绝对忠诚、绝对可靠、绝对纯洁和绝对服从；最后，党对人民军队的绝对领导，体现了党的领导智慧与责任担当，表明我们的原则是党指挥枪，而决不容许枪指挥党[①]。对人民军队的绝对领导是一个系统工程，涉及方方面面：需要贯彻军委主席负责制，需要将党的组织结构与军队的机制体制有机结合，需要加强基层建设，做到指示直达军队基层，密切联系广大官兵；需要加强政治理论学习，增强官兵的政治自觉意识，促使其自觉与中央看齐；需要加强意识形态的研判，基层单位需要保持高度警惕，密切关注意识形态领域的不良苗头和倾向，增强官兵抵御意识形态风险的能力；需要强化组织制度建设，培养能担重任的优秀军事人才。必须全面实施人才强军战略，推进军事人员能力素质全面升级、结构布局全面优化、管理模式全面转型。

---

① 《毛泽东选集》第二卷，人民出版社1991年版，第547页。

（二）人民性维度：坚持以人民为中心的发展思想推进国家治理现代化

党的十九届六中全会通过的《决议》强调，"全党必须永远保持同人民群众的血肉联系，站稳人民立场，坚持人民主体地位，尊重人民首创精神，践行以人民为中心的发展思想"。中国特色社会主义制度是经过实践检验形成的，是与我国国情相适应的政治、经济、文化、社会等各方面全面发展的制度体系，紧紧围绕着实现人民对美好生活的需要——"人民性"展开。以人民为中心的发展思想贯穿中国特色社会主义制度发展的全过程，同时以人民为中心、为人民服务也是推进国家治理体系和治理能力现代化的核心理念。

1. 坚持把以人民为中心作为推进国家治理现代化的重要指导理念

我国是工人阶级领导的、以工农联盟为基础的人民民主专政的社会主义国家，国家的一切权力属于人民。新中国的成立使得中国人民从政治上成为国家和社会的主人，随着中国人民政治协商会议第一届全体会议的召开，我国政治制度开启了新篇章，自此以后经过多年的实践探索，党领导全国各族人民建立了一套体系完备、行之有效的中国特色社会主义民主政治制度体系。人民当家作主是发展社会主义民主政治的根本立足点，而人民代表大会制度又是实现人民当家作主的具体制度依托，人民代表大会制度保证了人民当家作主的真正实现。人民代表大会制度是我国的根本政治制度，也是中国人民当家作主的重要途径和最高实现形式。在人民代表大会制度的框架内，通过普遍的民主选举，产生各级人大代表，组成各级人民代表大会代表人民行使国家权力，对人民负责，接受人民监督，通过这一制度安排，人民可以通过各种途径和形式管理国家事务，管理经济文化事业及社会事务，人民当家作主具备了实践操作性。

党的十八大以来，随着中国特色社会主义进入新时代，习近平总书记强调："要学习和掌握人民群众是历史创造者的观点，紧紧依靠人民推进改革。"① "人民是历史的创造者,是真正的英雄。"② 这些重要论述深刻反映出习近平总书记对人民历史地位和实践作用的充分肯定。在党的十九大报告中,习近平总书记将"不忘初心、牢记使命"确定为开展各项实践工作的基本原则,以人民为中心的发展思想被确立为其治国理政的出发点和落脚点。党的十九届五中全会指出,"坚持以人民为中心"是"十四五"时期经济社会发展必须遵循的一项重要原则,同时"坚持人民主体地位,坚持共同富裕方向,始终做到发展为了人民、发展依靠人民、发展成果由人民共享,维护人民根本利益,激发全体人民积极性、主动性、创造性,促进社会公平,增进民生福祉,不断实现人民对美好生活的向往"。③ 因此坚持以人民为中心的发展思想是中国国家治理体系具有鲜明优势的根源,也是新时代推动国家治理体系和治理能力现代化需要遵循的核心理念和基本逻辑主线。习近平总书记在党的二十大报告中指出,在前进的道路上我国将继续"坚持以人民为中心的发展思想。维护人民根本利益,增进民生福祉,不断实现发展为了人民、发展依靠人民、发展成果由人民共享,让现代化建设成果更多更公平惠及全体人民"。

2. 在推进国家治理现代化进程中全面完善以人民为中心的制度体系

坚持以人民为中心的发展思想,需要坚持和完善人民代表大会制度,实现和发展全过程人民民主。"善制"是"善治"的前提。优良的制度是良法善治的应有之义和根本保证,在建立新中国的过程中,中国共产党将马克思列宁主义基本原理同中国具体实际相结合,从而创造了独具中国特色的人民代表大会制度。在新的奋斗征程上,我们既要毫不动摇地坚持人民代表大会制度,又要与时俱进完善人民代表大会制度:一是要加强党对

---

① 《推动全党学习和掌握历史唯物主义 更好认识规律更加能动地推进工作》,《人民日报》2013年12月5日。
② 习近平:《在庆祝中国共产党成立100周年大会上的讲话》,人民出版社2021年版,第9页。
③ 《中共中央关于制定国民经济和社会发展第十四个五年规划和二〇三五年远景目标的建议》,人民出版社2020年版,第7页。

人大工作的全面领导,健全党领导人大工作的体制机制;二是要健全宪法实施和监督制度,全面贯彻实施宪法,维护宪法的权威和尊严,并加快完善中国特色社会主义法律体系,以良法促进善治;三是加强人大代表工作能力建设,密切人大代表同人民群众的联系,与时俱进丰富人大代表联系群众的内容和形式,建设好基层立法联系点。

坚持以人民为中心的发展思想,需要坚持和完善中国共产党领导的多党合作和政治协商制度。政协制度是落实宪法精神,加强宪法实施的应有之义。中国共产党领导的多党合作和政治协商制度能够将各个政党和无党派人士紧密团结起来为共同目标而奋斗,最大限度体现了民主的精神。新形势下,坚持和完善中国共产党领导的多党合作和政治协商制度,一是坚持正确的政治方向,各党派及人民政协要坚持用中国特色社会主义理论体系武装头脑,深入贯彻学习习近平新时代中国特色社会主义思想等科学理论,不断增强走中国特色社会主义政治发展道路的自觉性与坚定性;二是不断提高多党合作和政治协商的科学化水平,健全多党合作和政治协商运行体制,在深入贯彻实施《中共中央关于坚持和完善中国共产党领导的多党合作和政治协商制度的意见》《关于加强人民政协协商民主建设的实施意见》等制度规定的基础之上优化中国共产党同各民主党派、无党派人士的合作共识机制,并适时完善人民政协各项制度;① 三是充分发挥各民主党派成员和政协委员的主体作用,各民主党派成员和政协委员要将履行政治协商、民主监督、参政议政职能作为重大政治使命,最大限度发挥多党合作和政治协商的整体优势,为中国特色社会主义事业的发展作出贡献。

坚持以人民为中心的发展思想,需要巩固和发展最广泛的爱国统一战线。人心是最大的政治,统一战线是凝聚人心、汇聚力量的强大法宝。②

---

① 陈福今:《长期共存 互相监督 肝胆相照 荣辱与共——坚持和完善中国共产党领导的多党合作和政治协商制度》,《求是》2011年第13期。

② 《中国共产党第二十次全国代表大会文件汇编》,人民出版社2022年版,第33页。

巩固和发展最广泛的爱国统一战线，具体而言：一是加强和改善党对统一战线工作的指导，中国共产党是统一战线的组织者和领导者，加强和改善党对统一战线工作的指导，是统一战线事业健康发展的根本保证；二是完善统一战线工作的领导体制和工作机制，坚持和完善党委统一领导、统战部牵头协调、有关方面各负其责的工作格局，优化统一战线的工作机制；三是做好民族工作和宗教工作，凝聚港澳同胞、台湾同胞、海外侨胞力量，健全党外代表人士队伍建设制度，着力完善党外代表人士培养、选拔、使用工作，努力培养造就一支自觉接受中国共产党领导、坚定不移走中国特色社会主义道路、兼具代表性和参政议政能力的党外代表人士队伍。

坚持以人民为中心的发展思想，需要坚持和完善民族区域自治制度。我国是历史悠久的统一的多民族国家，新中国成立以来，民族区域自治制度得以在实践中不断创新发展，民族地区的各项事业不断实现新跨越，实践证明，党的民族理论和方针政策是正确的，中国共产党为世界解决民族问题贡献中国智慧和中国方案。在新的历史起点上，我们要坚持和完善民族区域自治制度，坚持各民族一律平等，正确处理国家集中统一和民族区域自治的关系，在维护国家统一的同时，各民族自治地方可根据本地的具体情况，在政治、经济、文化、教育方面行使变通立法权，因地制宜地制定适宜本地区发展的政策和制度，同时要注重保障少数民族的合法权益，巩固和发展平等团结互助和谐的社会主义民族关系。

坚持以人民为中心的发展思想，需要坚持和完善基层民主制度。基层民主是人民群众在城乡社区治理、基层公共事务和公益事业中直接行使民主权利，依法进行自我管理、自我服务、自我教育、自我监督的主要形式。经过长时期的实践探索，我国形成了以村民自治、居民自治为主要内容和形式的群众自治制度，《中华人民共和国城市居民委员会组织法》《中华人民共和国村民委员会法》以法律的形式肯定了基层群众自治的探索成果，同时这两部法律也为基层群众自治、基层民主制度的规范化运行提供了明确的指引。基层群众自治是当代中国最直接、最广泛、最生动的民主实践。坚持和完善基层民主制度，就是发展全过程人民民主，保证人民当家作主。一是要通过健全民主选举、民主决策、民主管理和民主监督程序完善村民自治制度和城市社区居民自治制度。二是要坚持和完善以职工代表大会为基本形式的企业事业单位民主管理制度，不断探索企业事业单位职工参与管理的有效方式，进而调动基层群众的积极性、主动性和创造性，推动形成基层群众积极参与、各方力量共建共治共享的基层治理新格局。三是要丰富基层各类群体有序参与基层治理的渠道，保障人民依法管理基层公共事务和公益事业。

（三）系统性维度：坚持以制度整体观和统筹全局观推进国家治理现代化

中国特色社会主义制度是一个严密完整的制度体系，各项制度互相关联、互相促成，构成一个有机统一体。党的十九届四中全会强调，坚持根本制度、基本制度、重要制度相衔接，统筹顶层设计和分层对接，统筹制度改革和制度运行。党的二十大报告指出，10年来我国许多领域实现历史性变革、系统性重塑、整体性重构，新一轮党和国家机构改革全面完成，中国特色社会主义制度更加成熟更加定型，国家治理体系和治理能力现代化水平明显提高。未来继续推进国家治理体系和治理能力现代化需要坚持制度整体观，以全局性眼光和整体性视野推进国家治理，通过整体治理实现整体效益。

1. 坚持和完善党的领导、人民当家作主、依法治国有机统一

党的十九届四中全会通过的《决定》指出，坚持和完善中国特色社会主义制度、推进国家治理体系和治理能力现代化，要坚持党的领导、人民当家作主、依法治国有机统一。习近平总书记强调："把坚持党的领导、人民当家作主、依法治国有机统一起来是我国社会主义法治建设的一条基本经验。"① 党的领导、人民当家作主和依法治国统一于建设中国特色社会主义民主政治的伟大实践中，充分体现人民意志、保障人民权益、激发人民创造活力。党通过组织建设、民主集中制等为实现人民当家作主和依法治国提供了国家统一、社会稳定等基础条件；党通过投票表决和协商等民主形式实现民主执政，依法治国和依规治党相贯通为党的长期执政起到了固根本、利长远的保障作用。因此，党的领导、人民当家作主、依法治国是一个不可分割的有机整体。

党的领导是人民当家作主和依法治国的根本保证。中国共产党领导各族人民进行艰苦卓绝的新民主主义革命，最终推翻帝国主义和封建主义的统治，结束了半殖民地半封建社会的历史，建立了中华人民共和国，为实现人民当家作主提供了政治前提，同时共产党领导全国各族人民建立了社会主义制度，为人民当家作主提供了制度基础。坚持党的领导是贯彻依法治国方略的根本保证，习近平总书记指出："党的领导是中国特色社会主义法治之魂，是我们的法治同西方资本主义国家的法治最大的区别。""社会主义法治必须坚持党的领导，党的领导必须依靠社会主义法治。"② 依法治国是中国共产党总结历史经验，顺应时代发展需求而提出的治国理政方式，没有中国共产党的领导，全面依法治国就难以有效推进，建设社会主义法治国家将面临重重阻碍。中国共产党在国家政治社会中处于总揽全局、领导各方的核心地位，党不断增强的创造力、凝聚力、战斗力，党始终保持和发展的先进性和纯洁性，党的核心领导作用，广大共产党员的先锋模范作用，党所拥有的政治优势、思想理论优势、组织优势、密切联系群众的优势，这些因素共同决定了只有在党的领导下才能顺利推进社会主义法治进程，建设法治国家才有主心骨和顶梁柱。

人民当家作主是发展社会主义民主政治的根本立足点，人民当家作主

---

① 《习近平关于全面依法治国论述摘编》，中央文献出版社2015年版，第24页。
② 《习近平关于全面依法治国论述摘编》，中央文献出版社2015年版，第35—36页。

的制度载体——人民代表大会制度为党领导人民有效治理国家提供了制度保障，为依法治国提供了根本政治制度架构。在我国的治理体系中，"党发挥总揽全局、协调各方的领导核心作用，通过人民代表大会制度，使党的主张通过法定程序成为国家意志，使党组织推荐的人选得以通过法定程序成为国家政权机关的领导人员，保证党通过国家政权机关实施对国家和社会的领导，保证党的路线方针政策和决策部署在国家工作中得到全面贯彻和有效执行"。[①] 人民代表大会制度为依法治国提供根本政治制度架构，中国共产党依据宪法等法律规范治国理政，领导立法、保证执法、带头守法。全国人民代表大会及其常务委员会行使立法权，不断完善以宪法为中心的中国特色社会主义法律体系，保证国家和社会的运行有法可依。通过人民代表大会制度的一系列安排，各级人大及其常务委员会行使监督权，保证各级政府依法行政，各级监察机关依法监察，各级审判机关依法行使审判权、检察权，保证法律的全面有效实施，保证国家各项工作在法治轨道上运行。未来我国将继续健全人民当家作主制度体系，扩大人民有序参与政治，保证人民依法实行民主选举、民主协商、民主决策、民主管理、民主监督，发挥人民群众积极性、主动性、创造性，巩固和发展生动活泼、安定团结的政治局面。

依法治国是党领导人民治理国家的基本方略。依法治国是中国共产党在领导广大人民群众进行新民主主义革命和社会主义民主法制建设的过程中，总结历史经验教训而提出并实施的一种全新的治国理政方式。[②] "国无常强，无常弱。奉法者强则国强，奉法者弱则国弱。"[③] 法治是人类制度文明的发展方向，也是现代国家治理的基本方式。1999 年，"中华人民共和国实行依法治国，建设社会主义法治国家"被写入宪法，这意味着依

---

① 本书编写组：《人民当家作主：人民代表大会制度的运行和发展》，人民出版社 2020 年版，第 38 页。
② 楚向红：《中国共产党依法治国方略的历史分析》，人民出版社 2020 年版，第 190—191 页。
③ 出自《韩非子·有度》。

法治国成为我国社会发展建设的一项重要制度，随后党中央在领导全国人民实施依法治国的进程中，对依法治国的认识逐步加深，依法治国基本方略在实践中不断推进，并逐步贯彻落实至党和国家的各项工作中。全面依法治国是国家治理的一场深刻革命，关系党执政兴国，关系人民幸福安康，关系党和国家长治久安，在未来的发展道路上必须发挥好法治固根本、稳预期、利长远的保障作用，在法治轨道上全面建设社会主义现代化国家。

2. 统筹"五位一体"总体布局和营造和谐稳定的内外环境

以中国式现代化全面推进中华民族伟大复兴，统揽伟大斗争、伟大工程、伟大事业、伟大梦想，需要在党的全面集中统一领导下，"更好统筹发展和安全""更好统筹国内国际两个大局"，在推进国家治理体系和治理能力现代化的新时代新征程中实现高质量发展。习近平总书记强调，"推进中国式现代化是一个系统工程，需要统筹兼顾、系统谋划、整体推进，正确处理好顶层设计与实践探索、战略与策略、守正与创新、效率与公平、活力与秩序、自立自强与对外开放等一系列重大关系"。① 在迈向中国式现代化的新征程中，要系统地、全面地、更好地统筹推进经济、政治、文化、社会、生态文明"五位一体"总体建设布局协调发展和积极营造和谐稳定的内部和外部发展环境。

（1）统筹推进"五位一体"总体布局协调发展

中国特色社会主义进入新时代，站在新的历史方位，党的十九大报告明确指出以"五位一体"总体布局推进新中国特色社会主义事业，"五位一体"总体布局是习近平新时代中国特色社会主义思想和发展中国特色社会主义基本方略的重要内容，在这个布局中，经济建设是根本，政治建设是保证，文化建设是灵魂，社会建设是条件，生态文明建设是基础。只有坚持"五位一体"全面推进、协调发展，才能形成经济富裕、政治民主、

---

① 《正确理解和大力推进中国式现代化》，《人民日报》2023年2月8日。

文化繁荣、社会公平、生态良好的发展格局，才能将我国建设成为富强民主文明和谐美丽的社会主义现代化国家。

第一，全面推进中国特色社会主义经济建设。全面推进中国特色社会主义经济建设是统筹推进"五位一体"总体布局的首要内容，是全面推进中国特色社会主义伟大事业的中心环节。改革开放以来，党和国家的各项事业取得了举世瞩目的重大成就，如今我国已经成为世界第二大经济体，国民经济保持中高速增长，经济发展迈向中高端，经济结构明显改善，经济发展质量效益明显提高，可持续发展能力不断增强，基础产业和基础设施不断完善，对外开放的深度和广度不断拓展，新一轮高水平对外开放局面初步形成，供给侧结构性改革取得积极进展，经济结构持续优化。新常态下我国经济建设仍面临诸多挑战，此外受全球疫情影响，世界经济深度衰退，国际贸易和投资大幅度萎缩，产业链供应链循环受阻，疫情不可避免地对我国的经济社会也造成了较大冲击，在此背景下，加强社会主义经济建设极具重要性与必要性。

全面推进中国特色社会主义经济建设要做到以下几个方面：一是要毫不动摇地巩固和发展公有制经济，通过深化国有资产监管机构职能转变，科学界定国有资产所有权和经营权边界来完善各类国有资产管理体制，并推动国有经济向关系国家安全、国民经济命脉和国计民生的重要行业和关键领域以及重点基础设施集中，同时毫不动摇地鼓励、支持、引导非公有制经济发展，让非公有制经济创新源泉充分涌流，将大力解放和发展社会生产力放在首位，持续鼓励"大众创业、万众创新"以及社会生产力发展中的新旧动能转换；二是要坚持社会主义市场经济的改革方向，加快完善社会主义市场经济体制，一方面要激发市场主体的活力，通过行政审批制度改革优化营商环境，给予市场主体更大的发展空间，另一方面要让市场规则更趋完善，营造公平开放透明的市场环境；三是要坚持按劳分配为主体、多种分配方式并存，一方面要通过健全劳动、资本、土地、知识、技术、管理、数据等生产要素按贡献参与分配的机制，规范分配秩序，另一方面进一步健全再分配调节机制,重视发挥第三次分配作用,发挥慈善等社会公益事业,不断扩大中等收入群体,形成橄榄型的收入分配格局;四是要完善科技创新体制机制,通过加大基础研究,夯实基础领域的创新研究,培养更多科研人才,充分释放人才、资本、信息、技术等创新资源的活力,继续完善科研法律保障体系,构建创新型国家。

第二,全面推进中国特色社会主义政治建设。建设中国特色社会主义,必须坚持走中国特色社会主义发展道路,必须大力推进社会主义民主政治建设。近年来,为加强政治建设,党和国家相关部门颁布了一系列规章制度,2019年中共中央办公厅发布的《中共中央关于加强党的政治建设的意见》,指出加强党的政治建设需要从坚持马克思主义指导地位,坚持用习近平新时代中国特色社会主义思想武装全党、教育人民,夯实思想根基,牢记初心使命,并坚决做到"两个维护",完善党的领导体制,改进党的领导方式,增强党组织的政治功能等方面着手。2019年中央军委印发的《关于加强军队党的政治建设的意见》,指出要贯彻思想建党、理论强党的要求,要纯正政治生态,深化政治巡视并全面提高军队加强党的领导和党的建设工作质量。我国以全方位、多领域协同推进的方式不断加强社会主义政治建设并取得一定的成效。中国特色社会主义政治道路不仅在我国得到了广大人民群众的衷心拥护,在国际上也得到越来越多的认同,今后我国在政治建设道路上既应当充满自信,同时又应当清醒地看到我们存在的问题和不足,积极主动地推进政治体制改革。

全面推进中国特色社会主义政治建设要做到以下几个方面:一是要坚持和完善符合我国国情的社会主义政治制度,长期坚持、深入贯彻、不断发展人民代表大会制度、中国共产党领导的多党合作和政治协商制度、民族区域自治制度、基层群众自治制度等重要政治制度;二是要坚持有序推进政治体制改革,继续扩大人民民主,充分发挥人民代表大会的功能和作用,同时加快行政管理体制的改革步伐,建设服务型政府,并关注民政、改善民生,建立健全改善民生的体制机制;三是要持续发展全过程人民民主，我国全过程人民民主是全链条、全方位、全覆盖的民主，是最广泛、最真实、最管用的社会主义民主①，持续发展全过程人民民主是加强社会主义政治建设的重要方式之一，发展全过程人民民主，一方面要允许人民广泛参与公共决策，充分表达不同的利益诉求，另一方面要有效激活人民代表大会制度的功能，在日常的政治经济社会生活中，构建常态化的代表联系选民，选民积极主动反映意见的双向互动机制，再者要发挥基层立法点实现立法由人民参与、法律由人民制定的功能，从而推动基层群众参与立法的广度与深度；四是要严明政治纪律和政治规矩，落实各级党委（党组）主体责任，提高各级党组织和党员干部的政治判断力、政治领悟力、政治执行力。

第三，全面推进中国特色社会主义文化建设。文化是民族的血脉，是国家的灵魂。文化建设是中国特色社会主义总体布局的重要组成部分之一，文化具有沟通、整合、凝聚作用，是维系国家统一和民族团结的精神桥梁，文化也是综合国力的核心构成要素之一，具备极强的穿透力与影响力，文化不仅作为内在的支撑融入政治、经济、社会、生态文明建设中，其本身也是具备多重功能的生产力，因此文化建设在凝聚民族力量、增强民族信心、引领前进方向方面发挥着不可或缺的作用。推进中国特色社会主义文化建设，是我们党和国家的一项重大战略任务，党的十九大以来，我国相继建立并健全了文化领域的一系列制度，从颁布《中国共产党宣传工作条例》，到印发《新时代公民道德建设实施纲要》《关于新时代廉洁文化建设的意见》等，我国目前基本建立起了"四梁八柱"的文化制度体系，为建设社会主义文化强国奠定了坚实的制度基础。发展社会主义先进文化、广泛凝聚人民精神力量，是国家治理体系和治理能力的深厚支撑。加强社会主义文化建设，需从多个领域、多个角度、多种形式着手进行。

全面推进中国特色社会主义文化建设要做到以下几个方面：一是要坚

---

① 习近平：《在中央人大工作会议上的讲话》，《求是》2022年第5期。

持马克思主义在意识形态领域的指导地位,将马克思列宁主义贯穿社会主义文化建设的一切工作和所有活动中,无论是理论武装还是新闻宣传、无论是文艺创作还是文化体制改革,都必须坚定地贯彻马克思主义,以确保我国文化建设沿着正确方向前进。二是要坚持以社会主义核心价值观引领文化建设,需要推动理想信念的常态化、制度化教育,并推动核心价值观渗透至法律法规,以法律政策来承载价值理念和道德要求;需要挖掘中华优秀传统文化,并结合时代条件来传扬中华优秀传统文化;需要健全志愿服务体系,有效调动各种力量形成"我为人人,人人为我"的良好社会氛围。三是要构建普惠型的现代公共文化服务体系,以人民群众日益增长的文化需求为导向,实现好、维护好、发展好人民群众的基本文化权利,并加大对文化事业的投入,推动基层公共设施资源的整合、共建共享,并培育和发展多元化的社会服务主体,充分发挥文化非营利性组织、文化志愿者在公共文化服务中的作用,进而逐步形成覆盖全社会的相对完备的公共文化服务体系。四是要坚持以人民为中心的创作导向,推出更多增强人民精神力量的优秀作品,繁荣发展文化事业和文化产业,加快构建中国话语和中国叙事体系,增强中华文明传播力影响力。

第四,全面推进中国特色社会主义社会建设。悠悠万事,民生为大。加强社会建设、创新社会治理是全社会的关注焦点之一。为中国人民谋幸福是中国共产党矢志不渝的初心。新中国成立初期,国家百废待兴,人民挣扎在饥寒交迫的生存线上,随后党和国家以人民群众的获得感、幸福感、安全感为标准,有力有效开展保障民生事业,经过一代又一代人的努力,我国的民生保障事业取得许多成就:数以千万计的就业人口进入工作岗位,退休人员养老金、最低工资标准等城乡居民基本生活待遇稳步提高,脱贫攻坚事业取得重大成就,随着《保险费暂行条例》《社会救助暂行办法》《全国社会保障基金条例》《中华人民共和国社会保险法》等法律法规的完善健全,我国的社会救助体系、社会保障体系也基本建立并不断健全,社会公共服务建设取得新进展,医疗、教育、卫生等事业取得积极进展，中国共产党"发展为了人民、发展依靠人民、发展成果由人民共享"的执政理念得到切实的贯彻执行。党的十九届四中全会顺应人民对美好生活的向往，提出坚持和完善统筹城乡的民生保障制度，新时代加强社会建设应当以此为基础，多举措回应民生需求。

全面推进中国特色社会主义社会建设要做到以下几个方面：一是要健全有利于更充分更高质量就业的促进机制。政府要以加大就业扶持力度、落实优惠措施等方式积极承担就业职责，消除城乡、性别、身份等影响平等就业的制度障碍，营造公平就业的社会环境，同时鼓励失业人员转变就业观念，实现灵活就业，再者要不断完善就业培训、服务体系，并健全劳动关系协调机制，保障劳动者的合法权益；二是要构建服务全民终身学习的教育体系，通过强化教育公平理念，坚持城乡教育的共同发展，最大限度缩小城乡教育的差别，加大对教育的财政投入，保持教育经费的增长与政府收入增长同步，利用网络教育的优势，创新学习方式，加快发展面向不同群体的更加开放灵活的教育体系来建设学习型社会；三是要健全覆盖全民、统筹城乡、公平统一、安全规范、可持续的多层次社会保障体系，持续推动医疗制度改革，坚持基本医疗卫生服务水平与国民经济和社会发展相适应，并坚持因地制宜，分类指导，建立健全覆盖全社会的医疗保险制度，同时在立足于国情的基础上，积极推进养老保险制度改革，缩小城乡企业、机关事业单位之间的待遇差别，同时完善社会救济制度，实施精准扶贫，因地制宜地提高扶贫实效。

第五，全面推进中国特色社会主义生态文明建设。生态环境是人类的生存之本、发展之基。全面推进生态文明建设是关系中华民族永续发展的千年大计。目前我国已有《中华人民共和国海洋环境保护法》《中华人民共和国水污染防治法》《中华人民共和国大气污染防治法》等多部关于生态环境保护的法律，基本上构建起严密的生态文明建设与绿色发展的法律保障。2018年宪法修订之际，"生态文明协调发展、国家保护和改善生活和生态环境、加强生态文明建设"等理念也被纳入修订后的宪法文本中，这一举措充分彰显了加强生态文明建设的重要性及我国未来加强生态文明建设的决心。党的十八大以来，习近平总书记深刻回答了为什么建设生态文明、建设什么样的生态文明、怎样建设生态文明，并提出了一系列标志性、战略性的重大思想，这些思想成果汇集起来形成了习近平生态文明思想。我们把生态文明建设作为关系中华民族永续发展的根本大计，坚持绿水青山就是金山银山的理念，开展了一系列根本性、开创性、长远性的工作，美丽中国建设迈出重要步伐，推动我国生态环境保护发生历史性、转折性、全局性变化。① 在习近平生态文明思想的指引下，我国生态文明建设取得一定的成就，但仍面临相关制度亟待健全、制度衔接亟待通畅、制度执行亟待加强等问题，党的十九届四中全会以习近平生态文明思想为指导，提出坚持和完善生态文明制度体系的重大命题，在此基础之上配合相关措施，才能为实现人与自然和谐共生、建设绿水青山的美丽中国提供坚实保障。

全面推进中国特色社会主义生态文明建设要做到以下几个方面：一是要在全社会树立生态文明观念，使人们认识到自然界的价值，认识到人与自然、社会是和谐一致的整体，进而提高人们的生态意识和生态自觉，并逐渐形成与新的生态文明相适应的生产方式和生活方式，最终在全社会树立起生态文明观念，同时政府要肩负起生态文明的宣传教育功能，通过广泛的宣传和教育，将生态文明理念渗透到生产生活的各个方面，增强民众参与生态环境保护的积极性与主动性，从而在全社会树立起生态文明理念；二是要实行最严格的生态环境保护制度，将保护生态环境的理念贯穿源头预防、过程控制、损害赔偿、责任追究的全过程；三是要全面建立资源高效利用制度，坚持节约资源和保护环境的基本国策，要坚持生态优先的理念，坚持节能优先方针，深化工业、建筑、交通等领域和公共机构节能，全面提高资源利用率，从推进能源梯级利用、加强废旧物品回收设施

---

① 《努力建设人与自然和谐共生的美丽中国 为共建清洁美丽世界作出更大贡献》，《人民日报》2022年6月6日。

规划建设等方面着手全面推行循环经济理念，构建多层次资源高效循环利用体系，并且坚决遏制高耗能、高排放项目盲目发展，推动绿色转型实现积极发展，大力发展绿色经济；四是要积极稳妥推进碳达峰、碳中和，深入推进能源革命，加强煤炭清洁高效利用，加快规划建设新型能源体系。

（2）积极营造和谐稳定的内部和外部发展环境

"十四五"时期，我国正处于世界百年未有之大变局加速演进时期、"两个一百年"奋斗目标的历史交汇时期，为持续推动我国经济社会发展，需要通过坚持和完善"一国两制"制度体系、推进祖国和平统一、坚持独立自主的和平外交政策来营造和谐稳定的内部和外部发展环境。

第一，坚持和完善"一国两制"制度体系。

一是正确理解和把握"一国两制"的制度要义。"一国两制"是中国特色社会主义的伟大创举，是香港、澳门回归后保持长期繁荣稳定的最佳制度安排，必须长期坚持。"一国两制"的提出，旨在回应国家治理的内在需求。事实证明，"一国两制"是解决香港、澳门的历史遗留问题的最佳方案，也是香港、澳门回归后保持长期繁荣稳定的最佳制度。港澳特区借助"一国两制"的理论与实践，实现了稳定与繁荣，在新的历史阶段，需要巩固"一国两制"实践的丰硕成果，不断丰富和发展"一国两制"的理论与实践。"一国两制"最初是为台湾回归准备和设计的，港澳的实践为实现祖国完全统一提供了大量的经验。正如习近平总书记所说："中国特色社会主义进入了新时代，意味着国家改革开放和'一国两制'事业也进入了新时代。"[①]"一国两制"的理论构想与实践探索为实现和平统一提供了新思路，促进了许多问题取得新的突破和进展，彰显了政治宽容精神，具有现实性、先进性和前瞻性，为祖国完全统一储备理论知识和实践经验。"一国两制"的理论构想与实践探索丰富和发展了我国的国家治理

---

① 《习近平会见香港澳门各界庆祝国家改革开放40周年访问团时的讲话》，《人民日报》2018年11月13日。

理论和政治文明实践，极大扩充了社会主义民主政治的内涵，体现了民主治理的精神。"一国"之下的"两制"都是民主制度体系的有机组成部分。"一国两制"是中国特色社会主义制度创新的重要成果，是中国人民对人类政治文明的重大贡献。① "一国两制"不仅是基本国策，更是受到宪法和基本法保障的国家制度。围绕着"一国两制"的实施，国家颁布和实行了一系列法律以及法律性文件，包括港澳基本法及其修改附件、香港特别行政区维护国家安全法以及全国人大常委会的释法文件和决定等。

二是健全港澳特区选举制度和落实爱国者治理原则。习近平总书记强调，保持香港、澳门长期繁荣稳定，必须全面准确贯彻"一国两制"方针，② 严格依照宪法和基本法办事，完善与基本法实施相关的制度和机制。要支持特别行政区政府和行政长官依法施政、积极作为，团结带领香港、澳门各界人士齐心协力谋发展、促和谐，保障和改善民生，有序推进民主，维护社会稳定，履行维护国家主权、安全、发展利益的宪制责任。健全选举制度，是实施爱国者治理的关键。以香港为例，爱国者治港，是对港人治港的发展，由抽象的"港人治港"限定为作为爱国者的港人治港，以此确保治理者的政治忠诚，保持香港的繁荣稳定。习近平总书记指出，总结改革开放成功的实践，在国家改革开放进程中，港澳所处的地位是独特的，港澳同胞所作出的贡献是重大的，所发挥的作用是不可替代的。改革开放以来港澳同胞和社会各界人士发挥的主要作用，包括投资兴业的龙头作用、市场经济的示范作用、体制改革的助推作用、双向开放的桥梁作用、先行先试的试点作用和城市管理的借鉴作用。在国家扩大对外开放的过程中，香港、澳门的地位和作用只会加强，不会减弱。③ 要全面准确、

---

① 韩大元：《推动"一国两制"下具有香港特色的民主制度发展》，《人民日报》2021年12月31日。
② 《在庆祝香港回归祖国二十五周年大会暨香港特别行政区第六届政府就职典礼上的讲话》，《人民日报》2022年7月2日。
③ 《习近平会见香港澳门各界庆祝国家改革开放40周年访问团时的讲话》，《人民日报》2018年11月13日。

坚定不移贯彻"一国两制"、以爱国者为主体的"港人治港"、"澳人治澳"、高度自治的方针，坚持依法治港治澳，维护宪法和基本法确定的特别行政区宪制秩序。坚持和完善"一国两制"制度体系，落实中央全面管治权，落实"爱国者治港""爱国者治澳"原则，落实特别行政区维护国家安全的法律制度和执行机制。爱国者的含义是拥护祖国统一，实施"爱国者治港""爱国者治澳"原则的原因在于香港、澳门的长远利益与祖国的根本利益是统一的，爱香港、爱澳门和爱祖国是统一的。爱国者治港治澳关系到国家安全、主权、发展利益，关系到长期发展和繁荣的态势，关系到宪法和基本法奠定的稳定秩序。爱国是港澳治理主体的基本伦理义务和根本政治要求，香港、澳门治理的历史和现实都再次印证了"一国两制"实践行稳致远，必须始终坚持"爱国者治港""爱国者治澳"原则。

三是坚持和完善推进祖国和平统一的制度体系。"和平统一、一国两制"方针是实现两岸统一的最佳方式，对两岸同胞和中华民族最有利。党的十九大报告的第十部分强调"坚持一国两制"，推进祖国统一，在对台政策部分，既秉持了中央的一贯立场，又作出了一些新的发展。解决台湾问题、实现祖国完全统一，是全体中华儿女共同愿望，是中华民族根本利益所在。必须继续坚持"和平统一、一国两制"方针，推动两岸关系和平发展，推进祖国和平统一进程。报告指出"一个中国原则"和"九二共识"对于两岸关系的重要意义，表达了我们维护国家主权、领土完整和反对一切分裂活动的意志和决心。坚持"一国两制"的基本精神，在尊重台湾同胞生活方式的同时，愿意与台湾同胞分享发展的机遇，愿意开展协商和对话，就两岸同胞共同关心的话题和事项展开充分的交流，坚定支持岛内爱国统一力量，共同把握历史大势，坚守民族大义，坚定反"独"促统。从"两岸一家人"到"两岸一家亲"，再到"两岸命运共同体"的提出，标志着党中央关于推进祖国统一的指导思想上的两次提升。两岸同胞同属于中华民族，共同肩负着实现中华民族伟大复兴的中国梦使命，理应共享祖国繁荣富强的丰硕果实。党的二十大报告指出，台湾是中国的台湾。解决台湾问题是中国人自己的事,要由中国人来决定。推进祖国完全统一是最高价值,和平是重要的手段之一。"一国两制"制度,提供了和平解决历史遗留问题的典范。我国香港和澳门已经积累了诸多理论知识与实践经验。两岸的根本利益是一致的,只有坚定地推行"一国两制",才能尊重两岸的制度、利益和需求,才能使两岸人民"心往一处想,力往一处使",共同致力于祖国的和平统一大业,创造更为辉煌的成就。

第二,坚持和完善独立自主的和平外交政策。

世界之变、时代之变、历史之变正以前所未有的方式展开。和平、发展、合作是时代发展的必然趋势,共享发展机遇,共担各种风险,推动建设和平发展、美好繁荣的和谐世界是各国人民的共同期许。中华民族历来爱好和平,以和为贵的理念在中国历代相传,爱好和平的基因深深根植于中华民族的血脉之中。处于当今世界百年未有之大变局时代,正确认识中国式和平发展道路和独立自主的和平外交政策,对于国际环境的稳定和平、全面推进中国特色社会主义事业具有非常重要的意义。

独立自主的和平外交政策,明确指出中国外交所遵循的两条基本主线——独立自主与维护和平。所谓"独立",就是指我国的外交政策坚决捍卫国家主权安全发展利益,绝不容忍我国的统一、领土完整、安全和尊严受到侵犯,绝不以国家利益为交换条件,绝不允许外部势力干涉中国内政。中国绝不依附任何国家,也绝不与任何一个国家或地区结盟。所谓"自主",就是指我国的外交政策从共同利益出发,在公平公正理念的指引下,根据事情本身的是非对错来决定自己对于国际事务的立场、态度和对策。中国承认国家一律平等的原则,尊重各国人民自主选择发展道路的权利,承认各国社会制度、历史文化、发展理念等方面的差异,努力推动不同文明的发展相互促进。各国互不干涉内政,各国的事务由各国自行做主,国际规则由国际社会平等协商,共同制定。坚持对话而不对抗、结伴而不结盟的国际交往规则,坚决摒弃冷战思维和强权政治,反对一切形式的霸权、霸凌行径,不屈从于任何势力,不干涉别国内政。所谓"和平",

就是指我国的外交政策及对外交往始终以维护世界和平、促进共同发展为宗旨。我国在坚持和平共处五项原则的基础上，进一步加强同广大发展中国家的团结合作，巩固同周边国家的睦邻友好关系，积极参与多边外交活动，增强互信，深化合作，并推动相互关系长期稳定健康发展，同时中国郑重承诺，中国不参与任何军备竞赛和军事集团，永不扩张，永不称霸，并坚定不移地继续进行反对霸权主义新斗争。

习近平总书记在党的二十大报告中指出，过去十年"全面推进中国特色大国外交，推动构建人类命运共同体，坚定维护国际公平正义，倡导践行真正的多边主义，旗帜鲜明反对一切霸权主义和强权政治，毫不动摇反对任何单边主义、保护主义、霸凌行径。我们完善外交总体布局，积极建设覆盖全球的伙伴关系网络，推动构建新型国际关系。我们展现负责任大国担当，积极参与全球治理体系改革和建设，全面开展抗击新冠肺炎疫情国际合作，赢得广泛国际赞誉，我国国际影响力、感召力、塑造力显著提升"。中国始终坚持独立自主的和平外交政策不动摇，要依据新形势来推进独立自主的和平外交政策，从而推动建立公正合理的国际政治经济新秩序。一是要健全对外事务工作的领导机制，坚持外交大权在党中央的根本原则，在具体的外事工作中依然要充分体现党中央的意志和要求，积极推进人大、政协、军队、地方、民间等各方面对外交往，把党总揽全局、协调各方的要求贯彻外事工作的方方面面。二是要完善全方位外交布局，在坚持人类命运共同体理念的指引下，通过稳定大国关系框架、巩固周边友好关系、参与多边外交工作积极打造全方位、多层次、立体化的全球伙伴关系网络。三是要推动合作共赢的开放体系建设，维护完善多边贸易体制，推动贸易和投资的自由化便利化，健全对外开放的安全保障体系，不断地以中国新发展为世界提供新机遇，共同营造有利于发展的国际环境，共同培育全球发展新动能，推动建设开放型世界经济，更好地惠及各国人民。四是要积极参与全球治理体系改革和建设，以文明交流超越文明隔阂、文明互鉴超越文明冲突、文明共存超越文明优越，在创新和丰富全球治理理念上贡献中国智慧和中国方案。

（四）先进性维度：坚持以先进的执政方式和纯洁的执政队伍提高党的执政能力

党的二十大报告指出，我们党作为世界上最大的马克思主义执政党，要始终赢得人民拥护、巩固长期执政地位，必须时刻保持解决大党独有难题的清醒和坚定。推进国家治理体系和治理能力现代化是一项需要以科学方式持久推进的工作，全面从严治党、全面依法治国要求党善于以自我革命引领社会革命，善于运用法治思维和法治方式并通过依宪执政、依法执政领导社会主义现代化事业建设行稳致远，体现出党科学执政的基本方式和手段。健全党和国家监督体系是在推进国家治理现代化的进程中实现党内监督、国家监督和社会监督的有机统一，是确保党执政能力的先进性与执政队伍的纯洁性的重要方式。

1. 坚持和完善中国特色社会主义法治体系

依法治国是中国共产党在领导广大人民群众进行新民主主义革命和社会主义民主法制建设过程中，总结历史经验教训而提出并实施的一种全新的治国理政方式。法治是人类制度文明的发展方向，也是现代国家治理的基本方式。1999 年，"中华人民共和国实行依法治国，建设社会主义法治国家"被写入宪法，这意味着依法治国成为我国社会发展建设的一项重要制度。随后党中央在领导全国人民实施依法治国的进程中，对依法治国的认识逐步加深，依法治国基本方略在实践中不断推进，并逐步贯彻落实至党和国家的各项工作中。党的十八大以来，以习近平同志为核心的党中央站在新的历史方位上作出了全面推进依法治国的战略新布局，明确了全面推进依法治国的任务和目标，指出了全面推进依法治国的总抓手，社会主义法治建设进入了新时代。2020 年 11 月，中央全面依法治国工作会议明确提出了"习近平法治思想"，深刻回答了中国特色社会主义的本质特征、政治方向、发展道路、中国特色等根本性问题，系统阐述了何为法治、何为中国特色社会主义法治、实行全面依法治国的必要性、如何推进全面依法治国、如何在法治轨道上推进国家治理体系和治理能力现代化等问题。习近平法治思想是习近平新时代中国特色社会主义思想的重要组成部分，是对中国特色社会主义法治建设实践的科学总结，是马克思主义法治理论中国化的最新理论成果。

在推进社会主义法治建设过程中，我们取得了许多新进展、新成就。党中央高度重视在全党和全国人民中进一步强化宪法意识，不断推动宪法的全面贯彻实施，推进公正司法，深化司法体制改革，以全面从严治党引领全面依法治国。当今世界，国际国内环境愈加复杂，改革开放和社会主义现代化建设的任务愈加繁重，依法治国的重要性和必要性更为凸显，党只有运用法治思维和法治方式巩固执政地位、改善执政方式、提高执政能力，才能保障党和国家的长治久安，全面依法治国也是坚持和发展中国特色社会主义的本质要求和重要保障，是国家治理体系的骨干工程。习近平总书记指出："法治兴则民族兴，法治强则国家强。当前，我国正处在实现中华民族伟大复兴的关键时期，世界百年未有之大变局加速演进，改革发展稳定任务艰巨繁重，对外开放深入推进，需要更好发挥法治固根本、稳预期、利长远的作用。"① 依法治国是一项复杂而艰巨的系统性工程，关系到社会关系的各个领域和各个方面，新时代全面推进依法治国、推进社会主义法治建设，必须以问题为导向，深入研究依法治国的具体完善方向。

其一，健全保证宪法全面实施的体制机制。新时代健全保障宪法全面实施的体制机制，要积极推进依宪治国和依宪执政，将宪法作为党执政和国家治理的根本遵循。注重宪法的宣传教育，捍卫宪法的地位和权威，深入开展宪法宣传教育，不断强化人们的宪法意识，并要强化宪法的实施和

---

① 习近平：《坚持走中国特色社会主义法治道路 更好推进中国特色社会主义法治体系建设》，《求是》2022 年第 4 期。

监督，落实宪法解释程序机制，完善宪法解释制度，保证宪法解释贯彻落实，健全合宪性审查机制，确保不符合宪法精神、原则、规定的行为得到及时纠正和追究，同时加强备案审查制度和能力建设。

其二，完善党的自我革命制度规范体系。中国特色社会主义法治体系包含党内法规体系和国家法律体系。党内法规体系是中国特色社会主义法治体系的组成部分，与国家法律是相辅相成、相互促进、相互保障的关系。党的二十大报告指出，要坚持制度治党、依规治党，以党章为根本，以民主集中制为核心，完善党内法规制度体系，增强党内法规权威性和执行力，形成坚持真理、修正错误，发现问题、纠正偏差的机制。

其三，完善立法体制机制，坚持立法要符合社会发展的实际需要，要与我国的经济社会生活相适应。科学地、辩证地学习和借鉴国外的立法经验和有益成果，科学划分立法权限，明确立法权力边界，在今后的立法过程中要严格贯彻落实《中华人民共和国立法法》的原则和程序，保证依法立法，并完善党委领导、人大主导、政府依托、各方参与的立法工作格局，将公正、公开、公平原则贯穿立法的全过程，同时进一步扩大公众参与立法的范围，做到科学立法、民主立法。此外，完善以宪法为核心的中国特色社会主义法律体系，加强重要领域立法，统筹立改废释纂，增强立法系统性、整体性、协同性、时效性，加快我国法域外适用的法律体系建设，进一步加强法律体系内部的统一性，夯实实施依法治国的基本前提和基础。

其四，健全社会主义公平正义法治保障制度，把公平正义这一价值追求贯穿法治建设的全过程和各方面，通过法官终身责任制、冤假错案纠正机制、健全国家赔偿制度等方式让人民群众在每一项法律制度、每一个执法决定、每一件司法案件中感受到公平正义。同时，要严格执法，做到有法必依、执法必严、违法必究，规范执法的自由裁量权，严防出现倾向性执法、选择性执法。

其五，加强对法律实施的监督，排除对执法司法活动的非法干预，行政机关、监察机关、审判机关、检察机关作为法律的实施部门，必须依法公正、秉公用权，同时加大对严重违法行为的处罚力度，维护法律的权威，保障法律的实施。加大全民普法工作力度，增强全民法治观念，特别是各级党和国家机关以及领导干部应当带头尊法学法守法用法，杜绝特权思想，自觉接受监督。

其六，坚持全面依法治军。党的十九大报告确定了"政治建军、改革强军、科技兴军、依法治军"的治军方略，依法治军也是建设现代化军队的基本要求。长期以来，军事法治建设取得长足进步，宪法、法律和党内法规共同构成依法治军的基本依据，国防法明确规定中华人民共和国的武装力量必须遵守宪法和法律，坚持依法治军。因而，依法治军是全军上下一以贯之的重要原则，是依法治国的重要组成部分，也是国防和军队现代化建设的重要举措。

2. 坚持和完善党和国家监督体系

党和国家监督体系是党在长期执政条件下实现自我净化、自我完善、自我革新、自我提高的重要制度保障。① 坚持和完善党和国家监督体系，对于推动国家治理体系和治理能力现代化、实现党的长期执政和国家长治久安具有重大意义。坚持和完善党和国家监督体系，是中国共产党全面从严治党的重要保障。全面从严治党是开启全面建设社会主义现代化强国新征程的政治保证，是中国共产党面对执政的"四大考验"和"四大风险"提出的新策略和新任务。② 习近平总书记指出："全面从严治党，核心是加强党的领导，基础在全面，关键在严，要害在治。"③ 形成制度化的纠错体系，发现党在长期执政过程中存在的不足是建立健全党和国家监督体系的根本任务，也是全面从严治党的必然要求。只有建立健全党和国家监

---

① 何毅亭：《论中国特色社会主义制度》，人民出版社 2020 年版，第 57 页。
② 鲍世斌：《大工程：以从严治党要求全面推进党的建设新的伟大工程》，中国言实出版社 2015 年版，第 1—7 页。
③ 《习近平新时代中国特色社会主义思想学习纲要（2023 年版）》，学习出版社、人民出版社 2023 年版，第 119 页。

督体系，做到全面治党、严格治党，才能永葆党的先进性和纯洁性。

坚持和完善党和国家监督体系，需要坚持完善全面从严治党制度。一是要建立"不忘初心、牢记使命"的制度，通过巩固"不忘初心、牢记使命"的思想基础，用初心使命锤炼党员干部忠诚、敢于担当的政治品格，不断加强"不忘初心、牢记使命"的思想建设；二是要完善全面从严治党制度，通过深化党的建设制度改革，坚持新时代党的组织路线，健全党管干部、选贤任能制度，坚决同一切影响党的先进性、弱化党的纯洁性的问题作斗争，保证党员队伍的廉洁性与纯洁性，增强党的战斗力、凝聚力与创造力；三是要从多方面、多角度推动监督制度的改革，通过完善党内监督体系、深化纪检监察体制改革构建"党统一指挥、全面覆盖、权威高效的监督体系"，完善权力监督制约机制，以党内监督为主导，促进各类监督贯通协调，让权力在阳光下运行。

坚持和完善党和国家监督体系，需要完善权力配置和运行制约机制。一是要坚持权责法定，完善权力配置机制。通过明确职能定位和工作任务，明确权力边界及权力运行流程，明确职责权限，明确与行政权力相对应的责任事项、责任主体、责任方式，从而具体落实权责法定的要求，完善权力配置机制。二是要坚持权责透明，完善用权公开机制。权力运行过程及其后果的公开与透明是加强权力运行制约的前提，强化权力制约，必须推动用权公开，要依法健全政务公开、党务公开、司法公开、村（居）务公开、公用事业单位办事公开等不同领域的办事公开制度。三是要坚持权责统一，完善责任落实机制。有权必有责，有责必有担当，失责必追究。科学有效的权力运行机制必须以覆盖全过程的责任制度来保障，权力运行的各个环节都需要配备发现问题、纠正偏差、精准问责的有效机制。一方面要认真贯彻执行民主集中制，坚持集体领导和个人分工负责相结合，完善"三重一大"决策监督机制，加强对主要领导干部的监督，不断压缩权力设租寻租空间；另一方面要把主体责任和监督责任融会贯通起来，把日常监督和信访举报、巡视巡察结合起来，加强对问题整改落实情况的督促检查，构建常态化的监督机制，督促各级党政机关和领导干部正确行使权力，履行职责。

坚持和完善党和国家监督体系，需要构建一体推进不敢腐、不能腐、不想腐体制机制，需深化党和国家监督体制改革，以党内监督为主导，促进各类监督力量整合、工作融合，强化对权力监督的全覆盖、有效性，确保权力不被滥用。① 腐败是危害党的生命力和战斗力的最大毒瘤，反腐败是最彻底的自我革命。只要存在腐败问题产生的土壤和条件，反腐败斗争就一刻不能停，必须永远吹响冲锋号。坚持不敢腐、不能腐、不想腐一体推进，同时发力、同向发力、综合发力。为坚决遏制腐败现象的蔓延势头，以习近平同志为核心的党中央提出了反腐败斗争"不敢腐、不能腐、不想腐"的"三不腐"目标任务，并构建了一个立体式推进、全方位发展的反腐败工作体系。持续推进反腐败工作，一是持续强化"不敢腐"的惩治和震慑，继续查处政治问题和经济问题交织的腐败问题，加大重点领域和关键环节反腐败力度，坚决破除钱权交易、"围猎"及甘于被"围猎"的利益链，持续整顿群众身边的腐败和作风问题，严惩涉及扶贫民生领域、涉黑腐败"保护伞"，以严格的执法执纪增强反腐败的刚性；二是切实推进"不能腐"的制约和监督，坚持党内监督为主导，同时推动民主监督、舆论监督、行政监督等监督方式有机贯通、相互协调，进而构筑对所有党员、干部、公职人员全腐败的严密监督体系，以确保党的方针政策和党中央的重大部署决策贯彻落实到位，确保党员、干部、公职人员合法合理用权；三是不断增强"不想腐"的教育和引导，反腐败斗争的战略重心应当兼顾思想反腐，通过加强对党员、干部、公职人员的政治教育和思想教育、理想信念教育及廉政教育，提高党性觉悟、涵养廉洁文化，筑牢拒腐防变的思想道德防线，同时加强对党员干部的日常教育与督促，对于

---

① 《提高一体推进"三不腐"能力和水平 全面打赢反腐败斗争攻坚战持久战》，《人民日报》2022年6月19日。

党员干部身上的问题要早发现、早提醒、早纠正、早查处，对一般性、苗头性问题及时约谈、函询。通过多元化的方式与渠道筑牢拒腐防变的思想道德防线，让广大党员干部主动在思想上划出红线，在行动上明确界限，从根源上杜绝腐败现象的滋生蔓延。只有通过一体推进不敢腐、不能腐、不想腐体制机制，使严厉惩治、规范权力、教育引导密切结合、协调联动，才能把惩治的威慑力、制度的约束力、思想的感召力统一起来，不断巩固发展反腐败斗争压倒性胜利。

第五章 新时代推进全面深化改革总目标的四川实践

在迈步全面建设社会主义现代化四川新征程中,四川省委始终坚定不移深入贯彻落实党中央关于全面深化改革的重要制度安排和指示精神,在中国共产党四川省第十二届委员会第二次全体会议中明确提到以中国式现代化引领四川现代化建设,以成渝地区双城经济圈建设为总牵引,以"四化同步、城乡融合、五区共兴"为总抓手,坚持"讲政治、抓发展、惠民生、保安全"工作总思路,在全面建设社会主义现代化国家新征程上奋力谱写四川发展新篇章。贯彻落实全面深化改革总目标对于推进四川省治理体系和治理能力现代化建设、不断巩固四川省改革开放以来取得的伟大成就以及助力全面建设社会主义现代化四川的新征程具有重要意义。立足于四川省全面深化改革的总体部署、指导思想、目标任务、基本要求、科学规划以及具体实践,擘画全面深化改革总目标在四川的新蓝图,应当增强全面深化改革的自觉性和坚定性、坚定沿着习近平总书记指引的方向前进,不断推进全面深化改革的四川实践落地生根。

一、新时代推进全面深化改革四川建设的根本遵循

党的十八大以来,以习近平同志为核心的党中央以伟大的历史主动精神、巨大的政治勇气、强烈的责任担当,领航中国特色社会主义巍巍巨轮破浪前行。党确立习近平新时代中国特色社会主义思想的指导地位,指引新时代党和国家事业不断向前发展。习近平总书记深刻把握改革规律,深

刻总结改革开放取得的宝贵经验，统筹国内国际两个大局，对全面深化改革提出一系列新理念新思想新战略，极大丰富发展了改革认识论和方法论，为推进全面深化改革提供了方向指引和根本遵循。① 习近平总书记还从党和国家战略全局出发，对四川发展形势任务、在全国大局中的地位作用、推动发展和改善民生、加强党的建设等工作作出系列重要指示，提出推动治蜀兴川再上新台阶的明确要求，系统阐明了四川发展"怎么看、怎么办、怎么干"等一系列重大问题，为新时代治蜀兴川提供了方向指引。② 在新的历史起点，四川省贯彻落实全面深化改革总目标必须高举习近平新时代中国特色社会主义思想伟大旗帜，深入贯彻落实习近平总书记对四川工作系列重要指示精神和党中央决策部署，以习近平新时代中国特色社会主义思想为指导，全面认识和把握推进全面深化改革四川建设的总体要求，深刻认识和把握全面深化改革四川建设的重大责任，立足于四川实际，牢记初心使命，以更大决心和勇气把改革事业推向前进，为全面建设社会主义现代化四川努力奋斗。

（一）以习近平新时代中国特色社会主义思想为指导

习近平新时代中国特色社会主义思想是当代中国马克思主义、二十一世纪马克思主义，是中华文化和中国精神的时代精华，实现了马克思主义中国化新的飞跃。这一光辉思想，以全新视野深化了对共产党执政规律、社会主义建设规律、人类社会发展规律的认识，在新时代党中央治国理政伟大历程中彰显出强大真理力量和实践伟力。党的十八大以来，习近平总书记多次来川视察指导，对新形势下做好四川工作提出一系列重要要求，许多都与改革息息相关，需要运用改革思维和办法来破解难题、推动四川

---

① 《不断提高改革的战略性前瞻性针对性 使改革更好对接发展所需基层所盼民心所向》，《四川日报》2022年6月25日。
② 王晓晖：《高举习近平新时代中国特色社会主义思想伟大旗帜 团结奋进全面建设社会主义现代化四川新征程》，《四川日报》2022年6月6日。

第五章
新时代推进全面深化改革总目标的四川实践

高质量发展。关于四川发展形势任务，习近平总书记指出，中国特色社会主义进入新时代，四川发展也站在了新的起点上；强调要站在更高起点谋划发展，把推动发展的立足点转到提高质量和效益上来；要求统筹推进"五位一体"总体布局、协调推进"四个全面"战略布局，突出"五个着力"的重点任务，推动治蜀兴川再上新台阶。关于四川在全国大局中的地位作用，习近平总书记针对四川省是经济大省和人口大省，在全国的战略地位十分重要，多次就四川需要发挥独特优势、更好地服务国家发展全局作出重要指示，提出"打造带动全国高质量发展的重要增长极和新的动力源""把发展特色优势产业和战略性新兴产业作为主攻方向""把四川农业大省这块金字招牌擦亮""科学有序推进水能资源开发""一定要把生态文明建设这篇大文章写好""从治国、安边、稳藏内在关系上把握四川涉藏地区同全省全国大局的内在联系"等重要要求，对全面建设社会主义现代化国家贡献四川力量寄予殷切期望。关于推动发展和改善民生，习近平总书记清晰地指出，发展不足仍然是四川最突出的问题，要牢牢抓住经济建设这个中心，推动经济高质量发展；同时民生问题就是民心问题，必须着力保障和改善民生，在经济发展的基础上不断提高人民生活水平和质量。关于加强党的建设，习近平总书记鲜明地指出，要把党的政治建设摆在突出位置，全面加强和规范党内政治生活；要涵养积极健康的党内政治文化，激浊扬清、扶正祛邪，营造风清气正的良好政治生态。这些重要论述，是习近平总书记对四川发展的精准把脉和科学指导，指明了四川推进全面深化改革、迈步现代化建设新征程的发展方位和努力方向。[①]

在新的历史起点上，新时代四川贯彻落实全面深化改革总目标要以习近平新时代中国特色社会主义思想为指导，坚持不懈用这一创新理论武装头脑、指导实践、推动工作，为新时代党和国家事业发展提供根本遵循。坚定贯彻习近平总书记关于全面深化改革的重要论述，全面落实党中

---

① 出自王晓晖同志在中国共产党四川省第十二次代表大会上的报告。

央大政方针和省委决策部署，要深刻领会推动治蜀兴川再上新台阶的丰富内涵和实践要求，与时俱进完善四川现代化建设的整体布局和任务部署。①把全面深化改革作为一项重大政治责任、作为推动高质量发展的根本动力来抓，着力破除体制性障碍、打通机制性梗阻、推出政策性创新，落实顶层设计、严格对标对表抓好中央重大改革举措落地，突出问题导向、聚力攻坚事关全局的深层次改革，坚持系统观念、统筹各项改革任务蹄疾步稳推进，在全社会营造浓厚改革氛围，推动各项工作取得新的更大成效。②

（二）全面认识和把握推进全面深化改革四川建设的总体要求

全面深化改革是一项系统工程，需全面认识和把握推进全面深化改革四川建设的总体要求，坚持和发展四川切实推进改革的实践经验，与时俱进推进四川全面深化改革向前发展。在贯彻落实全面深化改革总目标过程中，必须坚持党的领导和贯彻党的基本路线，坚定走中国特色社会主义道路，坚定不移贯彻党中央的新部署和新要求，确保改革正确方向；强化全局意识，更加注重改革的系统性、整体性、协同性，做到全局和局部相配套、治本和治标相结合、渐进和突破相衔接，实现整体推进和重点突破相统一；突出问题导向，把改革着力点放在解决矛盾和问题上，抓住关键问题，着力攻坚突破，从人民群众最期盼的领域改起，从制约经济社会发展最突出的问题改起。

推进全面深化改革四川建设要把握中央精神和体现四川实际，明确改革核心要义。深化经济体制改革，核心是处理好政府与市场的关系，充分发挥市场在资源配置中的决定性作用和更好发挥政府作用，加快四川创新

---

① 《不断提高改革的战略性前瞻性针对性 使改革更好对接发展所需基层所盼民心所向》，《四川日报》2022年6月25日。

② 《保持改革定力增强改革信心汇聚改革合力 奋力推动我省改革在新发展阶段不断打开新局面》，《华西都市报》2021年1月27日。

驱动、转型升级步伐，努力使四川经济发展更有活力、更有效益、更有质量。深化政治体制改革，核心是处理好国家权力与公民权利的关系，坚持党的领导、人民当家作主、依法治国有机统一，更好地规范权力运行和保障人民当家作主的权利，把治蜀兴川各项事业全面纳入法治化轨道。深化文化体制改革，核心是处理好社会效益与经济效益的关系，培育和践行社会主义核心价值观，发挥巴蜀文化独特优势，充分激发文化创造活力，提升四川文化软实力和综合竞争力。深化社会体制改革，核心是处理好社会建设与治理的关系，更好保障和改善民生，更好促进社会公平正义，朝着共同富裕目标持续增进民生福祉，构建既充满活力又和谐有序的社会发展机制。深化生态文明体制改革，核心是处理好经济发展与环境保护的关系，坚定践行绿水青山就是金山银山理念，筑牢长江黄河上游生态屏障，推进美丽四川建设，形成人与自然和谐发展的新格局。要坚持和加强党的全面领导，为四川现代化建设提供坚强保证。认真落实新时代党的建设总要求，全面推进党的自我净化、自我完善、自我革新、自我提高，努力把全省各级党组织和党员干部队伍建设得更加坚强有力。①

推进全面深化改革四川建设要始终围绕中心服务大局，推动重点领域和关键环节改革取得新进展、实现新突破。写好中国式现代化四川篇章是一项系统工程。着眼落实省委工作总思路，省委全会对建设现代化经济强省、强化教育科技和人才支撑、加快民生社会事业发展、提升治理体系和治理能力现代化水平等重点作出系统部署，体现了现代化建设中心任务、关键支撑、根本目的、治理保障的有机统一。② 突出抓好有利于高质量发展的改革，深入实施创新驱动发展战略，坚持新型工业化和新型城镇化双轮驱动，大力推进国有经济，要坚持稳中求进工作总基调，立足于新发展阶段，完整、准确、全面贯彻新发展理念，以供给侧结构性改革为主线，

---

① 《中国共产党四川省第十二届委员会第二次全体会议公报》，《四川日报》2022年12月1日。
② 《坚定以中国式现代化引领四川现代化建设》，《四川日报》2022年12月13日。

扎实做好稳增长、促改革、调结构、惠民生、防风险、保稳定等各方面工作。① 以"四化同步、城乡融合、五区共兴"为总抓手，坚持"讲政治、抓发展、惠民生、保安全"工作总思路。② 推动成渝地区双城经济圈建设是事关全局的战略性工程，党的二十大将其列为国家重大区域发展战略，必须作为四川现代化建设的总牵引，加强与重庆方面全方位协作，在协同共进、互利共赢中唱好"双城记"、建好经济圈，合力打造带动全国高质量发展的重要增长极和新的动力源。③ 加强城乡区域发展协调性，稳步推进共同富裕相关改革，着力推动巩固拓展脱贫攻坚成果同乡村振兴有效衔接，更加注重欠发达地区、革命老区、民族地区、盆周山区高质量发展，努力缩小区域差距、城乡差距和收入差距，在促进共同富裕的道路上迈出实质性步伐。④ 把发展全过程人民民主作为重要保障，完善全过程人民民主制度体系，以法治维护人民权益，积极发展基层民主，不断提升治理能力和水平。

推进全面深化改革四川建设要把握改革的规律和特点，提升驾驭改革的综合能力。要坚持久久为功、善作善成，切实提升改革系统性整体性协同性。要注重统筹协调，推进制度改革与制度运行相统筹、全局与局部相协调、当前与长远相衔接，把制度优势转化为治理效能。四川全省要以更大决心冲破思想观念束缚，以更大勇气打破利益固化藩篱，以更大智慧攻克工作中的难题，抓好改革试点，科学确定试点范围，适时开展试点评估，为面上有序铺开探索路径、提供借鉴。重视调查研究，抓住人民群众最关心最直接最现实的利益问题谋划推进改革，不断回应群众期盼、满足群众需求。鼓励基层探索，尊重基层首创精神，允许探索、允许试错，让

---

① 本报评论员：《坚持稳中求进工作总基调》，《人民日报》2020 年 4 月 21 日。
② 《以"四化同步、城乡融合、五区共兴"为总抓手统揽四川现代化建设全局——"总抓手"怎么看怎么抓》，《四川日报》2022 年 12 月 1 日。
③ 《中国共产党四川省第十二届委员会第二次全体会议公报》，《四川日报》2022 年 12 月 1 日。
④ 《不断提高改革的战略性前瞻性针对性 使改革更好对接发展所需基层所盼民心所向》，《四川日报》2022 年 6 月 25 日。

改革创新的活力充分涌流。要压实工作责任、层层传导压力，进一步完善工作运行机制、改革督察机制、成果推广机制，形成推动改革落实的强大合力。①

（三）深刻认识和把握全面深化改革四川建设的重大责任

新时代四川贯彻落实全面深化改革总目标，要深刻认识和把握全面深化改革进程中应肩负的重大责任，继续发扬敢为天下先的精神，勇于自我革新，跳出条条框框，大胆尝试大胆闯，在实践中不断探索改革的新路子。② 四川省有自己的省情，整体经济发展水平与东部沿海地区省份仍有差距，全省发展不平衡不充分问题仍然突出，发展质量效益不够高、创新能力不够强，基础设施、生态环保、防灾减灾等领域还有短板弱项，教育、医疗、养老等公共服务与群众期待还有差距，防风险保安全面临许多新的挑战和特殊难题。习近平总书记指出："要破解中国发展中面临的难题、化解来自各方面的风险挑战，除了深化改革，别无他途。"③ 四川发展所取得的巨大成就，靠的是坚持不懈推进改革开放。把深化改革扩大开放作为根本动力，纵深推进重点领域和关键环节改革，全力推进开放大通道建设，全方位深化开放合作，全面提升开放型经济水平，加快建设改革开放新高地。④

肩负起全面深化改革四川建设的重大责任要突出重点、把握关键。按照党的十八届三中全会对全面深化改革作出的部署，贯彻落实党的二十大报告中的重要制度安排和指示精神，结合省情实际，梳理全面深化改革的

---

① 《不断提高改革的战略性前瞻性针对性 使改革更好对接发展所需基层所盼民心所向》，《四川日报》2022年6月25日。
② 《中共四川省委关于贯彻落实党的十八届三中全会精神全面深化改革的决定》，《四川日报》2014年2月20日。
③ 习近平：《在庆祝中华人民共和国成立65周年招待会上的讲话》，《人民日报》2014年10月1日。
④ 《中国共产党四川省第十二届委员会第二次全体会议公报》，《四川日报》2022年12月1日。

重点和关键。对中央有明确部署、实践当中条件成熟的改革事项，要抓紧出台改革的相关政策意见；对中央明确提出方向但未出台具体意见的改革事项，要积极探索和主动推进工作开展；敢于在全面深化改革过程中采取"先试点积累经验再逐步推广"的方式推进改革实践。面对利益多样的纷扰、格局固化的坚冰、体制机制的痼疾和人民群众的期待，要认清改革形势和增强改革定力，集中党内智慧，深刻总结改革发展的成功经验，系统部署深化改革的战略重点、优先顺序、主攻方向、工作机制、推进方式和时间表、路线图。① 保障各项改革有力推进、终端见效，更好实现改革与发展深度融合、高效联动。全面深化改革是一项系统工程，要对确定的每一项工作分解落实任务、明确责任分工，形成一级抓一级、层层抓落实的工作格局，努力做到不浮躁、不浮夸、不近视。②

二、新时代推进全面深化改革四川建设的重要实践

四川是改革的重要发源地之一，在全国率先探索农村改革，率先推进国有企业改革，率先进行城市综合改革试验，率先开展统筹城乡综合配套改革。40多年来，四川实现了由计划经济体制向市场经济体制的转轨，由国家后方基地向内陆开放前沿的转变，由缺吃少穿向全面小康迈进的转折，城乡面貌发生沧桑巨变，经济社会发展实现历史性跨越。③ 四川坚持以习近平新时代中国特色社会主义思想为指导，全面贯彻落实习近平总书记对四川工作系列重要指示精神和党中央国务院各项决策部署，始终牢记习近平总书记殷殷嘱托，统筹推进"五位一体"总体布局、协调推进

---

① 《中共四川省委关于贯彻落实党的十八届三中全会精神全面深化改革的决定》，《四川日报》2014年2月20日。
② 《保持改革定力增强改革信心汇聚改革合力 奋力推动我省改革在新发展阶段不断打开新局面》，《华西都市报》2021年1月27日。
③ 《中共四川省委关于贯彻落实党的十八届三中全会精神全面深化改革的决定》，《四川日报》2014年2月20日。

第五章 新时代推进全面深化改革总目标的四川实践

"四个全面"战略布局,对事关全局的重大问题作出系统部署,推动治蜀兴川各项事业大踏步向前迈进。面对错综复杂的内外环境、艰巨繁重的改革发展稳定任务,四川省委突出抓了一批大事要事,加快打造改革开放新高地,加快完善有利于推动高质量发展的体制机制,扎实推进改革开放部署落地见效,形成了一批可复制可推广的标志性改革成果,为在新的起点上推进四川改革发展打下了坚实基础。①

(一)加快打造改革开放新高地

改革开放新高地,是以习近平同志为核心的党中央赋予成渝地区双城经济圈建设的战略定位之一,对加快打造改革开放新高地作出部署,既体现了四川服务国家战略全局的责任担当,也为奋进全面建设社会主义现代化四川新征程明确了重大任务。习近平总书记对四川改革开放工作高度重视、十分关心,强调要增强改革动力,推动内陆和沿海沿边沿江协同开放,打造立体全面开放格局,努力走在西部全面开发开放的前列。习近平总书记的重要指示指明了四川省新时代改革开放的目标任务和着力重点,阐明了推动治蜀兴川再上新台阶的根本动力所在,为加快打造改革开放新高地提供了根本遵循。

党的十八届三中全会以来,四川省加快打造改革开放新高地,改革力度加大。坚持"两个毫不动摇",推进国有经济资源整合、结构调整和布局优化,激发民营经济发展活力、维护民营企业合法权益,依法规范和引导各类资本健康发展;积极参与全国统一大市场建设,营造稳定公平透明可预期的营商环境。深入贯彻落实党的十八届三中全会精神部署的256项改革任务总体完成,贯彻落实党的十九大报告出台的146项重要改革举措完成率超过90%,职务科技成果权属改革、乡镇行政区划和村级建制调整

---

① 李文星:《以深层次改革高水平开放激发发展动力活力》,《四川日报》2022年7月11日。

改革、天府中央法务区建设等扎实推进，改革正从局部探索、破冰突围向系统集成、全面深化转变。① 大力推进成渝地区双城经济圈建设成势见效，川渝合作机制高效运行，成都获批建设践行新发展理念的公园城市示范区，成都都市圈发展规划全面实施，设立四个省级新区并"一区一策"予以支持，全国首个区域科技创新中心启动建设，300余项服务事项实现异地通办，毗邻地区合作平台建设全面推进。大力推进以高铁为重点的交通基础设施建设，成达万、成自宜、渝昆等高铁开工建设，川藏铁路、西部陆海新通道等重大工程顺利实施，西成客专、成贵客专等建成通车，天府国际机场建成投运，高速公路通车里程居全国前列，进出川大通道增至40条，全面迈入建设交通强省的新阶段。开展乡镇行政区划和村级建制调整改革，打出"调乡、合村、并组、优化社区"组合拳，全省乡镇数量减少1/3，建制村、村民小组分别减少四成，在此基础上以片区为单元编制乡村国土空间规划，着力优化资源配置、提升发展质量、增强服务能力、提高治理效能，牵引城乡基层发展治理格局深刻重塑。

四川省加快打造改革开放新高地，开放程度加深。党的十八届三中全会以来，四川省大力推进自由贸易试验区建设并取得积极进展，国际班列运营效能持续提高，开放平台能级明显增强，全省进出口总额增长近两倍，正在加快形成"四向拓展、全域开放"立体全面开放新格局且不断深化，同时积极参与西部陆海新通道建设，提升中欧班列（成渝）运营效能，推动货物贸易与服务贸易协同发展。高质量建设自贸试验区和综合保税区，支持创建天府国际机场国家级临空经济示范区，提升机场、港口等口岸能级，深化拓展外国来川设领和国际友城交往，扩大重大展会国际影响力，不断增强开放合作实效。大力推进成都全面建设践行新发展理念的公园城市示范区、中国（绵阳）科技城建设国家科技创新先行示范区，推

---

① 李文星：《以深层次改革高水平开放激发发展动力活力》，《四川日报》2022年7月11日。

进万达开川渝统筹发展示范区、川南渝西融合发展试验区、国家中医药综合改革示范区等建设，努力推动这些平台成为改革系统集成的标杆样板。努力畅通开放大通道、打造高能级开放平台、营造一流营商环境，加快构筑内陆开放战略高地和参与国际竞争新基地，为四川省高质量发展拓展新空间。①

（二）加快完善有利于推动高质量发展的体制机制

习近平总书记对新时代四川改革开放寄予重托和厚望，强调要统筹抓好经济体制、政治体制、文化体制、社会体制、生态文明体制和党的建设制度改革，赋予川渝打造"一极两中心两地"的重大使命。四川省委深入贯彻落实习近平总书记系列讲话精神，加快完善有利于推动高质量发展的体制机制，切实推进四川高质量发展。

党的十八届三中全会以来，四川省统筹推进"五位一体"总体布局，协调推进"四个全面"战略布局，紧扣贯彻新发展理念、构建新发展格局、推动高质量发展，把全面深化改革作为一项重大政治责任来抓，不折不扣落实党中央改革决策部署，严格对标对表抓好各项改革任务落地见效。②四川省委主要负责同志切实扛起全面深化改革第一责任人责任，担任省委深改委（组）主任（组长），主持召开40余次省委深改委（组）会议，审议通过两百多个改革方案，省委主要领导定期听取重点改革进展情况汇报，对乡镇区划和村级建制调整改革、县级党校分类改革、天府中央法务区建设等难度大的原创性、原动力改革带头谋划部署，持续推动。聚力攻坚成渝地区双城经济圈建设重大改革、全面创新改革试验、农业农村改革、国资国企改革、财税金融体制改革、中国（四川）自由贸易试验

---

① 李文星：《以深层次改革高水平开放激发发展动力活力》，《四川日报》2022年7月11日。
② 《保持改革定力增强改革信心汇聚改革合力 奋力推动我省改革在新发展阶段不断打开新局面》，《华西都市报》2021年1月27日。

区等事关全局的系统性深层次改革，突出抓好完善脱贫攻坚制度机制、生态文明建设体制改革、教育领域综合改革、医疗卫生体制改革、完善社会保障制度等顺应群众对美好生活新期待的改革，持续抓好全面加强党的制度建设和纪检监察体制改革。

党的十八届三中全会以来，四川省积极完善创新发展体制机制，推动建设具有全国影响力的科技创新中心。以科技赋能产业转型升级，一头抓国家战略科技力量建设、一头抓产业技术创新和全社会创新创造，深化科技体制改革，促进产业链、创新链、价值链融合。不断完善协调发展体制机制，加强成渝地区双城经济圈建设战略牵引作用。以成渝地区双城经济圈建设引领高水平区域协调发展，以体制机制创新激发双城经济圈建设内生动力。创新毗邻合作、园区共建、飞地经济等新模式，以跨省域、跨市域功能平台为重点，探索完善共建共享的公共资源配置、分工协同的产业合作、异地通办的政务服务等制度机制。努力完善绿色发展体制机制，坚定践行绿水青山就是金山银山的理念，对筑牢长江黄河上游生态屏障、促进经济社会发展全面绿色转型等作出部署。深入实施碳达峰行动，建立完善减污降碳激励约束机制，探索生态产品价值实现机制，不断完善生态补偿制度，健全现代环境治理体系。①

除此之外，还积极完善共享发展体制机制，探索共同富裕实现路径。强化就业公共服务体系建设，完善收入分配制度和工资合理增长机制，促进城乡义务教育优质均衡发展，深化"三医"联动改革，加大城乡特殊困难群众帮扶力度。举全省之力决战决胜脱贫攻坚，全省625万建档立卡贫困人口全部脱贫、88个贫困县全部摘帽、11501个贫困村全部退出，集中连片特困地区全面摆脱贫困，特别是聚力攻克大小凉山彝区深度贫困堡

---

① 李文星：《以深层次改革高水平开放激发发展动力活力》，《四川日报》2022年7月11日。

垒，与全国人民一道步入全面小康社会，兑现了向全省人民的庄严承诺。①努力完善安全发展体制机制，巩固和发展新时代治蜀兴川和谐稳定的良好局面。贯彻总体国家安全观，坚定维护国家政权安全、制度安全、意识形态安全，健全国家安全人民防线、网络安全保障、社会治安防控和应急管理等体系，完善经济安全风险预警和防控机制，推进市域社会治理现代化，全面落实安全生产责任制，切实维护社会大局稳定和人民生命财产安全。有效应对处置地震、暴雨洪涝、泥石流等灾害，九寨沟地震、长宁地震灾后恢复重建全面完成，森林草原防灭火专项整治扎实推进，全省统筹发展和安全的能力不断提升。

（三）扎实推进改革开放部署落地见效

四川贯彻落实全面深化改革总目标，不仅需要高瞻远瞩的部署，更需要脚踏实地的落实，要加强对全面深化改革进展跟踪调度，推动重点领域改革取得更大实效。要聚焦改革开放重大部署、重点任务、重要举措，凝心聚力、笃行实干，扎实推进改革开放部署落地见效。

在全面深化改革实践中，四川省委始终坚持党对改革的全面领导，始终把牢正确改革方向；坚持以人民为中心的价值取向，将促进社会公平正义、增进人民福祉作为改革的出发点和落脚点；坚持推动改革更好地服务经济社会发展大局，围绕成渝地区双城经济圈建设、"四化同步、城乡融合、五区共兴"、"四向拓展、全域开放"等重大战略部署，推出一系列务实管用的改革举措；坚持增强改革系统性、整体性、协同性，既抓方案协同，也抓落实协同、效果协同，提升改革整体效能；坚持先行先试、鼓励大胆探索，在落实好党中央顶层设计的前提下，鼓励各地摸着石头过河，进行差别化探索试点，充分激发基层改革创新活力；坚持于法有据、

---

① 《高举习近平新时代中国特色社会主义思想伟大旗帜 团结奋进全面建设社会主义现代化四川新征程》，《四川日报》2022年6月6日。

注重防控风险，以法治思维和法治方式推进改革，把握好改革的时序和节奏，正确处理改革发展稳定的关系。特别是党的十八届三中全会以来，四川省委一直对标党中央部署要求抓落实，切实提高政治站位，精准对标对表习近平总书记关于改革开放系列重要论述和党中央各项决策部署，切实厘清工作思路和工作抓手，形成上下贯通、层层负责的主体责任链条，既因地制宜又勇于探索，既一抓到底又常抓不懈，扎实推动各项方针政策和工作部署的落实。四川省委贯彻落实党的十八届三中全会精神细化分解的256项改革任务，基本确立各领域基础性制度框架，形成一批可复制可推广的改革经验，改革红利不断释放，群众获得感持续增强。坚持一件事情接着一件事情办，一年接着一年干，做到件件有着落、事事有回音，狠抓落实，推动重要领域和关键环节改革取得重大突破。① 在经济体制、国企科技、农业农村、生态文明、民主法制、文化教育卫生、社会体制、党的建设、纪律检查等各改革领域取得显著改革成绩。

　　党的十八届三中全会以来，聚焦解决长期制约四川发展的老大难问题，四川省委部署实施了一批打基础、利长远、系全局的重大改革。四川省委在充分调研论证、试点先行的基础上，全面推进、梯次推进的乡镇行政区划和村级建制调整改革，调整后共减少乡镇（街道）1509个、减幅32.7%，减少建制村18429个、减幅40.55%，为促进乡村全面振兴、推动县域经济高质量发展、巩固党的执政地位夯实了基层基础。围绕加快破解制约创新创造的顽瘴痼疾，四川省委通过系统推进全面创新改革试验，努力以制度改革激发科技人才的创新活力。在全国率先推进职务科技成果权属混合所有制改革试点，实现了科技成果从"纯粹国有制"到"混合所有制"、从"先转化后确权"到"先确权后转化"、从"奖励性利益"到"可转化权利"的"三个转变"，被誉为科技领域的"小岗村试验"。

---

① 李文星：《以深层次改革高水平开放激发发展动力活力》，《四川日报》2022年7月11日。

目前，45家试点单位已完成职务科技成果分割确权634项，作价入股创办企业100余家，带动企业投资近70亿元。相关经验受到中央改革办、科技部、财政部等国家部委的肯定，2019年被国务院通报表扬并在8个全面创新改革试验区推广。① 鉴于区域竞争核心是发展环境的竞争，四川省委着力打造一流营商环境，通过大力简政放权，最大限度减少政府对微观事务的管理，努力营造法治化、国际化、市场化营商环境。成都市在双流区、新津区开展的企业投资项目承诺制试点，紧扣"审批做减法、服务做加法"的放管服改革要求，重构项目审批流程，强化项目建设全流程服务，初步形成了"只见一次面+审批零跑路"的集成办理新模式。泸州市从2019年起正式推进"0证明城市"改革工作，市、县（区）两级同步从审批机构索要方、办事群众提供方、证明材料开具方等三个源头，清理各类证明事项，共取消行政审批和公共服务索要的证明6923项，提高了审批机构的办事效率。②

贯彻落实全面深化改革总目标，需要宏观决策和具体落实。四川省各级党委切实履行对改革的领导责任，完善科学民主决策机制，以重大问题为导向，把各项改革举措落到实处。当前，改革已进入深水区和关键期，四川从"人口多，底子薄，欠发达，不平衡"的起点上发展，面临众多考验和挑战。在多点多极支撑发展战略的引领下，四川已经形成了大都市、大产业、大交通的全新格局，不断创造出更多更好的四川探索、四川实践、四川经验。四川省正朝着妥善处理好"顶层设计与基层探索、解放思想与扎实稳妥、整体推进与重点突破、深化认识与提高行动自觉、党的领导与依靠群众、深化改革与发展稳定"这六大关系的道路上迈进，各地各部门也在不断提高领导班子和领导干部推动改革的能力，以继续扎实推进

---

① 《四川举行党的十八届三中全会以来四川省深化改革典型案例发布会》，中华人民共和国国务院新闻办公室网站，2021年3月29日。
② 《四川举行党的十八届三中全会以来四川省深化改革典型案例发布会》，中华人民共和国国务院新闻办公室网站，2021年3月29日。

改革开放部署落地见效。

三、贯彻全面深化改革总目标推动新时代治蜀兴川再上新台阶

党的二十大报告指出，在新中国成立特别是改革开放以来长期探索和实践基础上，经过党的十八大以来在理论和实践上的创新突破，党成功推进和拓展了中国式现代化。要想全面建设社会主义现代化四川、推动新时代治蜀兴川再上新台阶，必须深入贯彻落实全面深化改革总目标，最大限度凝聚改革共识，准确把握改革的总要求和目标任务。要高举中国特色社会主义伟大旗帜，坚持社会主义市场经济改革方向，以促进社会公平正义、增进全省人民福祉为出发点和落脚点，进一步解放思想、解放和发展社会生产力、解放和增强社会活力，统筹推进"五位一体"改革和党的建设制度改革，破除各方面体制机制弊端，为推进四川科学发展、加快发展提供强大动力。① 中共四川省委深入学习贯彻党的二十大精神，聚焦经济社会发展，对建设现代化经济强省、强化教育科技和人才支撑、加快民生社会事业发展、提升治理体系和治理能力现代化水平作出系统部署，明确四川现代化建设的重点任务。②

（一）建设现代化经济强省

四川坚持把高质量发展作为现代化建设的首要任务，完整、准确、全面贯彻新发展理念，在构建现代化产业体系、促进高水平区域协调发展、全面推进乡村振兴、加快新型城镇化步伐、建设现代化基础设施体系、推动生态优先绿色发展、打造改革开放新高地等方面进行部署。

---

① 《奋力夺取全面深化改革新胜利》，《四川日报》2014年2月11日。
② 黄强：《关于〈中共四川省委关于深入学习贯彻党的二十大精神在全面建设社会主义现代化国家新征程上奋力谱写四川发展新篇章的决定〉的说明》，《四川日报》2022年12月9日。

第五章 新时代推进全面深化改革总目标的四川实践

以全面深化改革推动建设支撑高质量发展的现代化经济体系，全面推进乡村振兴、加快新型城镇化步伐、建设现代化基础设施体系。改革只有进行时，没有完成时。必须高举改革开放旗帜，以更大勇气破除利益固化藩篱，以更大智慧攻克工作中的难题，奋力夺取全面深化改革的新胜利。党的二十大报告鲜明指出，必须坚持深化改革开放。深入推进改革创新，坚定不移扩大开放，着力破解深层次体制机制障碍，不断彰显中国特色社会主义制度优势，不断增强社会主义现代化建设的动力和活力，把我国制度优势更好转化为国家治理效能。中共四川省委十二届二次全会强调：对标对表党的二十大部署要求，紧扣四川省情实际和发展阶段性特征，要以"四化同步、城乡融合、五区共兴"为总抓手，推动新型工业化、信息化、城镇化和农业现代化在时间上同步演进、空间上一体布局、功能上耦合叠加，加快推进城乡融合发展，促进省内先发地区同欠发达地区协同共兴，以此统揽四川现代化建设全局。把深化改革扩大开放作为根本动力，纵深推进重点领域和关键环节改革，全力推进开放大通道建设，全方位深化开放合作，全面提升开放型经济水平，加快建设改革开放新高地。现代化经济体系是现代化建设的重要基础。四川省要依靠创新驱动塑造发展优势，加快转变发展方式、优化经济结构、转换增长动力，不断开辟高质量发展新境界。深入实施创新驱动发展战略，着力健全现代产业体系，全面加强基础设施建设，统筹推进乡村振兴和新型城镇化，加快建设现代化经济强省。

以全面深化改革引领高水平区域协调发展。中共四川省委十二届二次全会指出：五区共兴是破解发展不平衡问题的现实需要，也是推进四川现代化建设的必然要求，必须充分考虑不同地区禀赋条件和发展基础差异，高水平推动区域协调发展，建强动能更充沛的现代化成都都市圈，做强支撑更有力的次级增长极，推动欠发达地区跨越发展，促进成都平原、川南、川东北、攀西经济区和川西北生态示范区协同共兴。要深入贯彻落实全面深化改革总目标，以全面深化改革引领高水平区域协调发展，围绕推动成渝地区双城经济圈建设带动区域协调发展。高质量发展是全面建设社会主义现代化国家的首要任务,发展是党执政兴国的第一要务,没有坚实的物质技术基础,就不可能全面建成社会主义现代化强国、社会主义现代化强省。

以全面深化改革打造改革开放新高地。四川省要锚定"一极一源、两中心两地"的目标定位,把握唱好"双城记"、共建"经济圈"的重要要求,聚焦打造带动全国高质量发展的重要增长极和新的动力源,加快做大经济总量、提高发展质量,不断增强区域发展活力和国际影响力。围绕建设具有全国影响力的重要经济中心、科技创新中心、改革开放新高地、高品质生活宜居地,强化经济承载和辐射带动功能、创新资源集聚和转化功能、改革集成和开放门户功能、人口吸纳和综合服务功能,推动形成有实力、有特色的双城经济圈。聚力抓好川渝高水平合作的重点领域,集中力量办成一批具有标志性牵引性的大事要事,建成一批具有支撑性带动性的重大项目平台。深化川渝合作示范区建设。聚焦交通基础设施、现代产业体系、区域协同创新、国土空间布局、生态环境保护、体制机制改革、基本公共服务等方面,强化举措、重点突破,加快建设内联外畅的双城交通网、协同互补的双城产业链、高效便捷的双城生活圈,携手打造区域协作的高水平样板。①

以全面深化改革推动生态优先绿色发展,推动筑牢长江黄河上游生态屏障。中共四川省委十二届二次全会指出:把生态优先、绿色发展作为鲜明导向,实施"碳达峰十大行动",持续打好污染防治攻坚战,统筹山水林田湖草沙系统治理,加快促进人与自然和谐共生。坚定践行绿水青山就是金山银山理念,进一步树牢上游意识、强化上游担当,加强流域生态保护,推进美丽四川建设,促进人与自然和谐共生。要坚持山水林田湖草沙

---

① 《高举习近平新时代中国特色社会主义思想伟大旗帜 团结奋进全面建设社会主义现代化四川新征程》,《四川日报》2022年6月6日。

一体化保护和系统治理,统筹产业结构调整、污染治理、生态保护、应对气候变化,协同推进降碳、减污、扩绿、增长,推进生态优先、节约集约、绿色低碳发展。有力有序推进碳达峰碳中和,推动生态环境保护修复,建立健全现代环境治理体系。处理好经济发展与环境保护的关系,形成人与自然和谐共生的新格局。四川生态地位突出,关系到国家生态安全。要先行先试,抢抓重大机遇,走出绿色发展、循环发展、低碳发展的可持续发展路子。面对日趋强化的资源环境约束,必须树立绿色低碳发展理念。要完善生态环境源头保护制度,改革生态环境保护管理体制。建立完善自然资源有偿使用制度和生态补偿制度。建立区域大气污染联防联控及重大项目环境影响评价会商机制。取消限制开发区域和生态脆弱区域的地区生产总值考核。着力建立生态文明制度,构建长江上游生态屏障,推动形成人与自然和谐发展的新格局。建立健全生态文明制度体系,四川既有经济基础又有良好的群众基础。必须寻求兼顾资源节约、环境改善与经济增长同步的发展方式转变,实现持续发展与包容性发展。面对"增长方式粗放、产业层次不高、城乡发展不协调、区域发展不平衡"的局面,必须建立在资源环境承载力基础上的发展模式,树立低碳发展理念、建立自然资源有偿使用制度和生态补偿制度、监理单位生产总值用地量下降与新增建设用地计划指标分配挂钩制度,以提高土地资源与各类自然资源的利用水平。划定生态保护红线,红线一般是指一个不可逾越的界限,生态红线也就是严格的生态保护之意。四川生态功能区面积大、比重高、涉及人口多,自然保护区数量多、分布广、面积大、类型多,是全国生态安全的重要建设内容。生态功能红线、环境质量红线、资源利用红线,都面临着极为艰巨的相关利益关系调整,面临着这三条红线与经济发展之间的各种矛盾。在红线制定之后,需要严格的制度管理,需要建立监测网络和监测平台,建立分级管理的长效机制。①

---

① 《把全面深化改革的决策部署落到实处》,《四川日报》2014年2月19日。

(二) 强化教育科技和人才支撑

教育、科技、人才是全面建设社会主义现代化国家的基础性、战略性支撑。党的二十大将其摆在前所未有的战略高度，对高质量发展意义重大。必须坚持科技是第一生产力、人才是第一资源、创新是第一动力，将教育、科技和人才单列一个部分进行部署，统筹教育强省、科技强省、人才强省建设，全面塑造发展新动能新优势，加快建成国家创新驱动发展先行省。[①]

要深入实施创新驱动发展战略，加快成渝（兴隆湖）综合性科学中心和西部（成都）科学城建设，推动中国（绵阳）科技城高质量发展。加强成渝绵协同创新，建设成渝中线科创走廊。四川省要深化科技体制改革，突出企业创新主体地位，加快金融支持创新体系建设，强化知识产权创造、保护、运用。弘扬科学家精神，加强科学普及，培育创新创造文化，营造良好创新生态，让各类创新资源充分活跃起来。实施更加积极、更加开放、更加有效的人才政策，增强在全国人才竞争中的比较优势。加快构建全省人才发展雁阵格局，深化区域人才协同发展，建设具有全国影响力的创新人才集聚高地。贯彻落实全面深化改革总目标是四川迈步现代化建设新征程的关键，只有不遗余力贯彻落实全面深化改革总目标，四川省才能跟上国家、时代发展的步伐，在建设社会主义现代化四川的路上越走越稳、越走越好。与此同时，"一带一路"建设、长江经济带发展、新时代西部大开发、黄河流域生态保护和高质量发展、成渝地区双城经济圈建设等国家重大战略在川叠加，有利于四川更好承接重大生产力布局，持续用好政策红利、增强发展动能；贯彻新发展理念、构建新发展格局等国家重大部署深入实施，有利于四川充分发挥科技创新优势、市场腹地优势

[①] 《中共四川省委关于深入学习贯彻党的二十大精神在全面建设社会主义现代化国家新征程上奋力谱写四川发展新篇章的决定》，《四川日报》2022 年 12 月 9 日。

和开放门户优势,大幅提升在畅通国民经济循环中的战略位势;推动经济社会发展全面绿色转型、全面加强基础设施建设等国家重大政策加快落地,有利于四川抢抓政策窗口期,放大清洁能源资源优势、提升基础设施水平,显著改善四川发展的支撑条件。

要努力办好人民满意的教育,全面贯彻党的教育方针,落实立德树人根本任务,建设高质量教育体系。优化区域教育资源配置,加快义务教育优质均衡发展和城乡一体化,强化学前教育、特殊教育普惠发展,坚持高中阶段学校多样化发展。改革培养文化创造力的体制,激活全民族的文化创造力,必然会涉及文化人才培养、文化科技创新、文化自觉意识等。文化体制改革要向纵深拓展,建立科学的文化人才培养机制,包括小学、中学、大学创新思维培养,文化从业人员创新能力拓展等。推动文化创新与科技深度融合、互动发展,培养文化人才应用科技手段的能力。健全和完善现代文化企业制度。深化行政审批制度改革,定位好政府在文化市场中的角色和责任,减少政府对文化市场过多干预。进一步做好推进经营性文化单位走向市场,降低社会资本进入门槛,推动文化资源自由流动。要形成文化发展的开放机制。文化市场必须开放,要有接纳一切优秀文化的胸襟,应进一步深化四川对外文化交流与合作机制。四川既要清醒认识面临的风险挑战,更要充分把握前进中的有利条件,切实增强机遇意识和进取精神,主动抢占先机,奋力开拓新局。①

(三)加快民生社会事业发展

中国式现代化是全体人民共同富裕的现代化。必须始终坚持以人民为中心的发展思想,以共同富裕为导向加快民生社会事业发展,促进更高质量就业更合理分配、健全基本公共服务体系、更好满足群众精神文化需

---

① 《高举习近平新时代中国特色社会主义思想伟大旗帜 团结奋进全面建设社会主义现代化四川新征程》,《四川日报》2022年6月6日。

求，持续提高人民生活品质，建设共同富裕美好四川。①

以全面深化改革推动共同富裕目标持续增进民生福祉，努力建设共同富裕美好四川。中共四川省委十二届二次全会指出，把保障改善民生、促进共同富裕作为价值取向，回应群众期盼解决民生诉求，加快补齐民生领域短板，逐步缩小地区之间、城乡之间的收入差距，不断实现人民对美好生活的向往。党的二十大报告指出，要实现好、维护好、发展好最广大人民根本利益，紧紧抓住人民最关心最直接最现实的利益问题，采取更多惠民生、暖民心举措，着力解决好人民群众急难愁盼问题，健全基本公共服务体系，提高公共服务水平，增强均衡性和可及性，扎实推进共同富裕。共同富裕是中国式现代化的重要特征，要悟透以人民为中心的发展思想，紧紧围绕让老百姓过好日子，加强基础性、普惠性、兜底性民生保障建设，促进民生社会事业全面进步，推动共同富裕取得更为明显的实质性进展。持续扩大就业增加收入，加快推进教育现代化，深入推进健康四川建设，兜紧兜牢民生保障底线。在共同富裕道路上，要更加注重省内欠发达地区、革命老区、民族地区、盆周山区高质量发展，加大政策支持和帮扶力度，努力缩小区域差距、城乡差距和收入差距。坚持民之所盼、政之所向，积极探索共同富裕实现路径，引导全省人民勤劳致富、发展致富、创新致富，一步一步把共同富裕的美好愿景变为现实。②

以全面深化改革促进更高质量就业更合理分配，健全基本公共服务体系。社会事业改革创新，是群众最为关注、最直观体现公平正义程度的改革领域。健全促进就业创业的体制机制，完善城乡均等的公共就业创业服务体系。形成合力有序的收入分配格局，健全更有利于促进居民增收的再分配调节机制。建立更加公平可持续的社会保障制度，提高社会保障统筹

---

① 《中共四川省委关于深入学习贯彻党的二十大精神在全面建设社会主义现代化国家新征程上奋力谱写四川发展新篇章的决定》，《四川日报》2022 年 12 月 9 日。

② 《高举习近平新时代中国特色社会主义思想伟大旗帜 团结奋进全面建设社会主义现代化四川新征程》，《四川日报》2022 年 6 月 6 日。

层次和质量。统筹推进医疗保障、医疗服务、公共卫生、药品供应、监管体制综合改革。创新有效预防和化解社会矛盾体制,完善"大调解"工作体系。健全公共安全体系,加强食品药品安全监管、安全生产监管和社会治安综合治理。建立健全防灾减灾体系。社会建设与经济建设不一样,在经济建设领域要处理好政府与市场的关系,各自不能缺位、错位、越位。在社会建设领域,要处理好社会建设与治理的关系,处理好政府与社会的关系就是要激发政府与社会两个活力,从社会的教育、就业、养老,到公民的婚丧嫁娶,从社区的社会治安到家庭的家长里短,形成社会建设的整体合力。要创新社会治理方式,坚持系统治理、依法治理、综合治理、源头治理。以多元主体的治理为例,要积极地有序地激发多元主体的活力,激发包括政府公务员、社会组织和公民个体的活力。①

以全面深化改革更好满足群众精神文化需求,持续提高人民生活品质。中共四川省委十二届二次全会指出,把文化自信自强作为持久精神力量,增强社会主义意识形态凝聚力和引领力,广泛践行社会主义核心价值观,大力发展文化事业和文化产业,推动巴蜀文化大发展大繁荣。党的二十大报告指出,要坚持创造性转化、创新性发展,以社会主义核心价值观为引领,发展社会主义先进文化,弘扬革命文化,传承中华优秀传统文化,满足人民日益增长的精神文化需求,不断提升文化软实力和文化影响力。四川蕴藏着丰富的文化资源。巴蜀文化是中华文化的重要组成部分。成都是蜀文化的中心,也是三国文化的重镇,巴蜀文化对东南亚等国家和地区有很强的影响力;熊猫文化已经成为国际品牌;红色文化、三星堆文化也在国内外具有重大影响;还有多种多样、丰富多彩的少数民族文化等。可以整合在川和涉川的所有文化发展力量,协同开发四川文化资源。挖掘四川文化中体现社会主义核心价值观的文化元素积极对外传播。青城山等地是中国道教发源地之一,已被列入《世界遗产名录》,道教文化含

---

① 《把全面深化改革的决策部署落到实处》,《四川日报》2014年2月19日。

有大量的人与自然和谐相处的生态文明思想;"天府之国"是中华农耕文化的集中承载地,体现了人类勤劳、拼搏、进取的精神。四川历史底蕴深厚,文化遗存璀璨,红色资源丰富,拥有建设新时代文化强省的独特优势。要坚持举旗帜、聚民心、育新人、兴文化、展形象,大力推动文化繁荣兴盛,为现代化建设提供强大的价值引导力、文化凝聚力、精神推动力。深度挖掘和阐发优秀民族文化和地方文化资源,实现中华传统美德的创造性转化、创新性发展,可以为社会主义文化大发展大繁荣提供文化基础。牢牢掌握意识形态工作领导权,培育和践行社会主义核心价值观,统筹文化事业和文旅产业发展。① 处理好社会效益与经济效益的关系,增强四川省文化软实力和综合竞争力。必须牢牢把握正确方向,毫不动摇地坚持党的集中统一领导,时刻保持清醒的头脑。现阶段重点任务是推动政府部门由办文化向管文化转变,深化国有经营性文化单位转企改制,构建基本公共文化服务标准化、均等化的公共文化体系。② 文化是一个地方凝聚力和创造力的重要源泉。要健全文化管理体制机制,推动政府部门由办文化向管文化转变。构建大网络大舆情全媒体工作格局。构建现代文化市场体系,推动转制文化企业建立现代企业制度,健全文化产品和要素市场。建立健全旅游管理综合协调机制。构建现代公共文化服务体系,深化公益性文化事业改革。③

(四)提升治理体系和治理能力现代化水平

提升治理能力是现代化建设的重要保障。必须全面落实党的二十大关于统筹发展和安全的重要要求,坚持民主聚合力、法治强保障、基层增活力、安全守底线,系统部署扎实推进全过程人民民主、建设更高水平法治

---

① 《高举习近平新时代中国特色社会主义思想伟大旗帜 团结奋进全面建设社会主义现代化四川新征程》,《四川日报》2022年6月6日。
② 《把全面深化改革的决策部署落到实处》,《四川日报》2014年2月19日。
③ 《中国共产党四川省第十届委员会第四次全体会议公报》,《四川党的建设(城市版)》2014年第3期。

四川、提高城乡基层治理水平、加快构建新安全格局等，着力健全省域现代治理体系，以高效能治理保障高质量发展、促进高水平安全，① 不断提升四川省治理体系和治理能力现代化水平。

以全面深化改革推进民主政治建设，系统部署扎实推进全过程人民民主。发展社会主义民主政治，是深化政治体制改革的重要任务。中共四川省委十二届二次全会指出：把发展全过程人民民主作为重要保障，完善全过程人民民主制度体系，以法治维护人民权益，积极发展基层民主，不断提升治理能力和水平。处理好国家权力与公民权利的关系，更好地规范权力运行和保障人民当家作主的权利。要推动地方人大工作创新发展，加强和改进立法工作，推动建立代表履职监督机制。推进协商民主广泛多层制度化发展，发挥统一战线在协商民主中的重要作用和人民政协作为协商民主重要渠道的作用，完善委员联络制度。加强基层民主，健全基层选举、议事、公开、述职、问责等机制。② 发展基层民主、推动人民代表大会制度与时俱进、推动协商民主广泛多层制度化发展、强化权力运行制约和监督体系等是深化民主法制领域改革的重要任务。③

以全面深化改革推进全面依法治省，建设更高水平法治四川、提高城乡基层治理水平、加快构建新安全格局。全面建设社会主义现代化四川，需要以民主凝聚力量、靠法治提供保障。要坚持党的领导、人民当家作主、依法治国有机统一，加强社会主义民主法治建设，巩固和发展新时代治蜀兴川安定团结的良好局面。坚持全面依法治省，全面推进法治四川建设，更好发挥法治固根本、稳预期、利长远的保障作用。深入推进平安四川建设，安全是发展的前提，发展是安全的保障。面对前进道路上可以预见和难以预见的各种考验，要树立强烈的忧患意识、底线思维甚至极限思

---

① 《中共四川省委关于深入学习贯彻党的二十大精神在全面建设社会主义现代化国家新征程上奋力谱写四川发展新篇章的决定》，《四川日报》2022年12月9日。
② 《中国共产党四川省第十届委员会第四次全体会议公报》，《四川党的建设（城市版）》2014年第3期。
③ 《把全面深化改革的决策部署落到实处》，《四川日报》2014年2月19日。

维，打好应对重大挑战、抵御重大风险、克服重大阻力、解决重大矛盾的主动仗，坚决守住不发生系统性风险的底线。① 要坚持用法治思维和法治方式深化改革、推动发展、化解矛盾、维护稳定，认真落实《四川省依法治省纲要》。推进依法执政，改进党委领导方式和执政方式。推进依法行政，建立权责统一、权威高效的行政执法体制。深化司法体制改革，让人民群众在每一个司法案件中都感受到公平正义。推进法制教育进机关、进学校、进乡村、进社区、进寺庙、进企业、进单位。② 强化权力运行制约和监督体系，坚持用制度管权管人管事，以自我革命精神纵深推进全面从严治党，决不能有松劲歇脚、疲劳厌战的情绪，必须持之以恒推进全面从严治党。要建立科学有效的权力制约和监督机制，积极推进权力运行公开化、规范化。加强反腐败体制机制创新，落实党风廉政建设责任制，研究制定纪检工作双重领导体制的具体实施办法。围绕反对形式主义、官僚主义、享乐主义和奢靡之风，健全改进作风常态化制度。③ 从严治党和依法治国从来都是相向而行，坚持把党的建设制度改革和党风廉政建设制度改革放在突出位置，坚持在法治中推进改革，在改革中完善法治。着力深化从严治党制度改革创新，努力营造风清气正、崇廉尚实的政治生态，着力构建系统完备、科学规范、运行有效的党的建设制度体系。④

全面建设社会主义现代化四川，关键在党、关键在人，要把提升治理体系和治理能力现代化水平作为全省的重大课题和紧迫任务。要坚持和加强党的全面领导，认真落实新时代党的建设总要求，深入贯彻全面从严治党战略方针，把全省各级党组织和党员干部队伍建设得更加坚强有力。中

---

① 《高举习近平新时代中国特色社会主义思想伟大旗帜 团结奋进全面建设社会主义现代化四川新征程》，《四川日报》2022年6月6日。
② 《中共四川省委关于贯彻落实党的十八届三中全会精神全面深化改革的决定》，《四川日报》2014年2月20日。
③ 《中共四川省委关于贯彻落实党的十八届三中全会精神全面深化改革的决定》，《四川日报》2014年2月20日。
④ 川报集团特派报道组：《保持专注发展定力 务实推进各项改革 让广大人民群众共享发展成果》，《四川日报》2014年3月7日。

第五章
新时代推进全面深化改革总目标的四川实践

共四川省委十二届二次全会指出：要坚持和加强党的全面领导，为四川现代化建设提供坚强保证，认真落实新时代党的建设总要求，全面推进党的自我净化、自我完善、自我革新、自我提高，努力把各级党组织和党员干部队伍建设得更加坚强有力。党面临的执政考验、改革开放考验、市场经济考验、外部环境考验将长期存在，精神懈怠危险、能力不足危险、脱离群众危险、消极腐败危险将长期存在。要坚持以党的政治建设为统领，坚定用党的创新理论凝神铸魂，全面加强党的基层组织体系建设，着力落实后继有人这个根本大计，坚决打好反腐败斗争攻坚战持久战，大力弘扬密切联系群众优良作风。党是领导全面深化改革事业的核心力量，办好中国的事情，关键在党；人民群众是创造历史的原动力，全面深化改革是系统性的设计和实践，党和人民、党员与群众，在这个系统中占据着十分重要的位置，其作用的发挥决定着改革的成败。全面深化改革的任务艰巨而繁重，必须充分发挥党的领导核心作用，要建立重大改革事项领导牵头协调、部门责任落实机制，全力抓好改革各项工作。强化组织保障和人才支撑，深化干部人事制度改革，充分发挥基层党组织战斗堡垒作用，引导广大党员和优秀人才积极投身改革事业。[①] 落实党员干部直接联系服务群众制度，常态化推进"我为群众办实事"实践活动。加固落实中央八项规定精神的堤坝，持续整治"四风"，坚持厉行节约、反对浪费，力戒形式主义、官僚主义。大力提升基层监督质效，持续推动监督下沉、政策落地。加强正确政绩观教育，健全政绩考核评价体系，突出重实干、重实绩导向，激励广大党员干部勇于担当、善于作为，把造福人民作为职责担当。[②]

四川省全面深化改革需统筹推进经济建设、政治建设、文化建设、社会建设和生态文明建设，着力开创新局面、营造新风气，努力推动改革开

[①] 《中国共产党四川省第十届委员会第四次全体会议公报》，《四川党的建设（城市版）》2014年第3期。

[②] 《高举习近平新时代中国特色社会主义思想伟大旗帜 团结奋进全面建设社会主义现代化四川新征程》，《四川日报》2022年6月6日。

放取得新的重大进展。要努力建成国家创新驱动发展先行省,推动民主法治建设取得新进展,推进全过程人民民主深入发展,努力使法治四川、平安四川建设达到更高水平,推动城乡基层治理制度创新和能力建设取得更大成效,不断增强依法防范化解重大风险能力。加强全面从严治党,推进以政治建设为统领的党的各项建设全面加强,健全上下贯通、执行有力的组织体系,培育忠诚干净担当的高素质专业化干部队伍,巩固拓展反腐败斗争压倒性胜利成果,优化政治生态和发展环境。惠民生是根本目的,必须突出为人民创造幸福安逸生活这一总取向,让改革发展成果更多更公平惠及全体人民,努力让人民群众的获得感成色更足、幸福感更可持续、安全感更有保障。

参考文献

［1］中共中央宣传部．习近平新时代中国特色社会主义思想学习纲要：2023年版［M］．北京：学习出版社，2023．

［2］习近平．习近平著作选读：第一卷［M］．北京：人民出版社，2023．

［3］习近平．习近平著作选读：第二卷［M］．北京：人民出版社，2023．

［4］中共中央党史和文献研究院，中央学习贯彻习近平新时代中国特色社会主义思想主题教育领导小组办公室．习近平新时代中国特色社会主义思想专题摘编［M］．北京：党建读物出版社，2023．

［5］《党的二十大报告辅导读本》编写组．党的二十大报告辅导读本［M］．北京：人民出版社，2022．

［6］中共中央关于党的百年奋斗重大成就和历史经验的决议［N］．人民日报，2021-11-17（1）．

［7］本书编写组．党的十八届三中全会《决定》学习辅导百问［M］．北京：学习出版社．2013．

［8］本书编写组．党的十九届四中全会《决定》学习辅导百问［M］．北京：学习出版社，党建读物出版社，2019．

［9］习近平．习近平谈治国理政：第一卷［M］．北京：外文出版社，2018．

［10］习近平．习近平谈治国理政：第二卷［M］．北京：外文出版社，2017．

[11] 习近平. 习近平谈治国理政：第三卷 [M]. 北京：外文出版社，2020.

[12] 习近平. 习近平谈治国理政：第四卷 [M]. 北京：外文出版社，2022.

[13] 高举习近平新时代中国特色社会主义思想伟大旗帜 团结奋进全面建设社会主义现代化四川新征程：在中国共产党四川省第十二次代表大会上的报告 [N]. 四川日报，2022-05-28.

[14] 中共四川省委十二届二次全会举行：全会由省委常委会主持 省委书记王晓晖讲话 [N]. 四川日报，2022-11-30.

[15] 潘治宏，贾存斗. 全面深化改革样本 [M]. 北京：中国经济出版社，2018.

[16] 严华，朱建纲. 坚持全面深化改革 [M]. 长沙：湖南教育出版社，2017.

[17] 秦宣. 人民群众与全面深化改革 [M]. 北京：中国言实出版社，2019.

[18] 习近平. 论坚持全面深化改革 [M]. 北京：中央文献出版社，2018.

[19] 张树军. 十八大以来全面深化改革纪事（2012—2017）[M]. 石家庄：河北人民出版社，2017.

[20] 辛向阳. 全面深化改革与发展中国特色社会主义 [M]. 桂林：广西师范大学出版社，2016.

[21] 洪银兴. 全面深化改革 [M]. 南京：江苏人民出版社，2015.

[22] 上海市社会科学界联合会. 全面深化改革与现代国家治理 [M]. 上海：上海人民出版社，2014.

[23] 丁元竹. 社会治理现代化的探索 [M]. 北京：国家行政学

院出版社，2016.

[24] 汪碧刚，陈旭峰. 一核多元社区治理体系与治理能力现代化研究 [M]. 北京：中国社会出版社，2021.

[25] 杨光作. 区域整合与公共治理 [M]. 北京：社会科学文献出版社，2021.

[26] 潘治宏，贾存斗. 地方治理体系、治理能力现代化样本：地方改革创新实践案例研究2018版 [M]. 北京：口国经济出版社，2020.

[27] 代瑾，李戈，程荣. "法治中国"建设与社会治理现代化研究 [M]. 成都：四川大学出版社，2020.

[28] 郭文富. 现代治理视角的高等职业教育质量保障研究 [M]. 上海：华东师范大学出版社，2020.

[29] 罗来军. 国家治理研究 [M]. 北京：经济科学出版社，2020.

[30] 宋福荣. 当代中国户籍制度改革若干问题研究 [M]. 武汉：武汉大学出版社，2020.

[31] 黄蕾. 中国新型农村社区治理研究 [M]. 北京：经济管理出版社，2020.

[32] 马建兵，王天雁. 农村土地信托法律问题研究 [M]. 北京：知识产权出版社，2020.

[33] 谷彦芳，宋凤轩. 税收理论与制度：第2版 [M]. 北京：人民邮电出版社，2020.

[34] 魏礼群. 中国社会治理现代化 [M]. 北京：中国言实出版社，2019.

[35] 人民论坛. 中国共产党与国家治理现代化 [M]. 北京：东方出版社，2019.

[36] 程美东. 当代中国治理能力现代化的历史审视 [M]. 北京：北京出版社，2019.

［37］周长美，李强．全面深化改革中我国社会矛盾基本形态及化解对策研究［M］．哈尔滨：哈尔滨出版社，2019．

［38］蔡钊利，宦洁．推进依法治国与全面深化改革研究［M］．西安：西北大学出版社，2016．

［39］赵长茂．全面深化改革 让中国发展获得新动力［M］．北京：党建读物出版社，2017．

［40］中国（海南）改革发展研究院．全面深化改革若干重大问题［M］．北京：国家行政学院出版社，2013．

［41］上海市经济学会．新发展理念与全面深化改革：理论研究和政策选择［M］．上海：格致出版社，上海人民出版社，2017．

［42］杨超．全面建成小康社会、全面深化改革、全面依法治国、全面从严治党学习读本［M］．北京：东方出版社，2015．

［43］邹东涛．改革深水区的突围：全面深化改革面临的问题与对策［M］．北京：中国言实出版社，2014．

［44］马英华．全面深化改革专题研究［M］．哈尔滨：黑龙江人民出版社，2017．

后　　记

"全面深化改革总目标是完善和发展中国特色社会主义制度、推进国家治理体系和治理能力现代化"的重大论断，植根于新时代中国特色社会主义伟大实践，彰显出我们党对共产党执政规律、社会主义建设规律、人类社会发展规律的认识达到新的高度。

全面深化改革使制度优势进一步彰显，是因为改革始终坚持正确方向，沿着正确道路推进。这条道路就是中国特色社会主义道路。中国特色社会主义开创于改革开放历史新时期，建立在我们党长期奋斗的基础上，是植根于中国大地、反映中国人民意愿、适应中国和时代发展进步要求的科学社会主义。中国特色社会主义在改革开放中诞生，也必将在全面深化改革中发展壮大。

全面深化改革使制度优势进一步彰显，是因为始终坚持以人民为中心的发展思想，不断实现人民对美好生活的向往。全面深化改革牢牢坚持人民立场，把顶层设计与基层探索紧密结合起来，把坚持在党的领导下推进改革和尊重人民主体地位高度统一起来，让全面深化改革成为亿万人民自己的事业，让人民在奋进新时代、共筑中国梦中施展才干、成就梦想。全面深化改革以促进社会公平正义、增进人民福祉为出发点和落脚点，着力解决人民群众所需所急所盼，让人民共享经济、政治、文化、社会、生态等各方面发展成果，有更多、更直接、更实在的获得感、幸福感、安全感，不断促进人的全面发展，推动实现全体人民共同富裕。

全面深化改革需要始终在党中央坚强领导下推进。中国共产党领导是中国特色社会主义最本质的特征，是中国特色社会主义制度的最大优势。习近平总书记指出："全面深化改革，任务十分艰巨，必须加强和改善党的领导。"改革开放每一步都不是轻而易举的，未来必定会面对这样那样的风险挑战，甚至会遇到难以想象的惊涛骇浪。只有在党中央的集中统一领导下，才能发挥党总揽全局、协调各方的作用，坚持科学执政、民主执政、依法执政，完善党的领导方式和执政方式，提高党的执政能力和领导水平，不断提高党把方向、谋大局、定政策、促改革的能力和定力，确保改革开放这艘航船沿着正确航向破浪前进。

新时代新征程，要深刻领悟"两个确立"的决定性意义，深入学习领会习近平总书记关于全面深化改革总目标的重要论述，自觉做"两个确立"的忠诚拥护者、"两个维护"的坚定践行者，不断提高政治判断力、政治领悟力、政治执行力，确保全面深化改革始终沿着习近平总书记指引的方向前进，推动我国迈上全面建设社会主义现代化国家新征程。

本书在成书的过程中得到了四川省委、省政府相关部门领导和专家的大力支持，特此表示诚挚的感谢和敬意！本书的编者构成如下：张立哲负责全书的总体设计以及全书章节的修订，翁明源编写第一章，任思奇编写第二章，薛蕾编写第三章，杨恩泰编写第四章，陈一飞编写第五章。与此同时贾鑫玉、魏蔓俐、禹晓榕、鲍钰、王丽萍、周睿、张昕仪、王文丽等同学参与了全书的校对工作。感谢各位的辛勤付出！最后，要特别感谢国家行政学院出版社各位老师的辛苦工作，使得本书能够顺利出版。

囿于多重因素，尤其是编者的水平有限，难免出现个别纰漏或不足，不妥不当之处，敬请读者批评和指正。

作者于蓉城

2023 年 3 月